# ゲーム理論における単調な外部性の分析

増澤 拓也

三菱経済研究所

# まえがき

　本書で筆者が行うのは，単調な外部性を表現する非対角単調関数という対象に着目して，市場，環境システム，交通ネットワーク，選挙制度などのさまざまな対象をわかりやすく統一的に把握しようという試みである．筆者がこの研究を始めたのは，10年ほど前にさかのぼるが，対象がゲーム理論の枠組みを超えはじめたのは，公益財団法人三菱経済研究所に着任する頃である．本書には研究所在籍中の研究成果の多くが含まれている．

　大山道廣先生（慶應義塾大学名誉教授）には，公益財団法人三菱経済研究所において本研究を進める機会とともに，研究内容についての助言と激励をいただいた．大学学部および大学院のときの指導教授であった中山幹夫先生（流通経済大学教授，慶應義塾大学名誉教授）には，さまざまなアドバイスと激励をいただいた．本研究のアイデアは中山先生の研究がもとになって生まれたものである．丸山徹先生（慶應義塾大学教授）には，公益財団法人三菱経済研究所で本研究を行う機会，研究内容の一部をセミナーで報告する機会，そして激励をいただいた．入谷純先生（福山大学教授，神戸大学名誉教授）には，一般均衡理論に関してコメントをいただいた．虞朝聞氏（慶應義塾大学助教）との議論は，論点を明確にするのに助けられた．公益財団法人三菱経済研究所の皆様には，本書の出版および研究活動の機会，そして日常的な支援と激励をいただいた．特に，青木透前常務理事ならびに滝村竜介常務理事には，本書の企画から完成稿作成にいたるまでさまざまな助言をいただいた．また，同時期に研究員として在籍した池田直史氏（東京工業大学助教）にも原稿作成に関して助言をいただいた．

　以上列記の方々には，心からなる深謝の意を捧げる次第である．た

だし，本書での誤りその他のいたらぬ点は，すべて筆者の責任である．

2014 年 11 月

増澤　拓也

# 目　次

第1章　はじめに ····································································· 1
　1.1　非対角単調関数とは ···················································· 1
　1.2　本書の目的 ································································ 3
　1.3　本書の主な応用例 ······················································ 4
　1.4　優モジュラー関数との関係 ········································ 6
　1.5　本書の成果 ································································ 7

第2章　準備的議論 ································································· 9
　2.1　集合の表記 ································································ 9
　2.2　有限次元実数空間での大小関係 ······························· 12
　2.3　点列の収束および関数の連続性 ······························· 16
　　2.3.1　点列の収束 ······················································· 16
　　2.3.2　関数の連続性 ··················································· 17
　2.4　有向グラフ ······························································ 20
　2.5　アルゴリズム ··························································· 21
　　2.5.1　アルゴリズムの必要性 ····································· 21
　　2.5.2　アルゴリズムの定義 ········································ 22
　　2.5.3　アルゴリズムの効率性 ····································· 23
　　2.5.4　計算と定性的理論 ············································ 24

第3章　非対角単調関数 ························································ 25
　3.1　非対角単調関数の定義 ············································ 25
　3.2　粗代替経済 ······························································ 26
　3.3　クールノーの寡占市場 ············································ 27
　3.4　公共財の供給ゲーム ················································ 28
　3.5　代替可能な選択関数 ················································ 29

|   |   |   |
|---|---|---|
| 3.6 | 迂回経路のコスト | 30 |
| 3.7 | 文献ノート | 32 |

第 4 章　基礎理論 ……………………………………………… 35
   4.1　最大保障問題 …………………………………………… 35
   4.2　アルゴリズム …………………………………………… 38
   4.3　実行可能解のなす束 …………………………………… 42
   4.4　比較静学分析 …………………………………………… 44
   4.5　線形の理論 ……………………………………………… 45

第 5 章　応用 …………………………………………………… 49
   5.1　懲罰優位関係をもつゲーム …………………………… 49
   5.2　粗代替経済の競争均衡 ………………………………… 52
      5.2.1　存在定理の証明 …………………………………… 52
      5.2.2　ヒックスの比較静学 ……………………………… 55
   5.3　最短経路問題 …………………………………………… 56
      5.3.1　最小コスト経路 …………………………………… 56
      5.3.2　最小コスト迂回路 ………………………………… 57
   5.4　二部マッチング市場 …………………………………… 62
      5.4.1　安定マッチング …………………………………… 62
      5.4.2　代替可能性とアルゴリズム ……………………… 67
   5.5　単記移譲式 ……………………………………………… 70
   補論: 単記移譲式の意義および実態 ……………………… 78

第 6 章　優モジュラー関数 …………………………………… 81
   6.1　基礎事項 ………………………………………………… 81
      6.1.1　限界貢献度の逓増 ………………………………… 82
      6.1.2　差分の優加法性 …………………………………… 84
      6.1.3　限界ベクトルがコアに属する …………………… 85
   6.2　優モジュラー関数の生成 ……………………………… 87
      6.2.1　微積分での関係 …………………………………… 88

| 6.2.2 | 提携型ゲームの構成での関係 | 90 |
| 6.3 | NTU提携型ゲーム | 93 |
| 6.3.1 | 基礎事項 | 93 |
| 6.3.2 | 全統合性と懲罰優位関係 | 95 |
| 6.4 | 文献ノート | 100 |

引用文献 ..................................................................... 103

# 第 1 章 はじめに

## 1.1 非対角単調関数とは

メッツラー関数は，$n$ 次元実数ベクトルに対し，$n$ 次元実数ベクトルを出力する関数で，$i$ と $j$ とが異なるとき，関数値の第 $i$ 座標が第 $j$ 変数に関して単調非減少なものと定義される（図 1.1）．メッツラー関数は，経済，政治，工学などの分野で現れる．メッツラー関数の名称は，経済学者 L. Metzler (1913–1980) にちなんだものである．メッツラー関数と，それにマイナスをつけたものをあわせて，非対角単調関数と呼ぶ．

たとえば，クールノーの寡占モデルは，非対角単調関数で記述される．価格支配力をもたずに，同じ生産物を生産する複数の企業を考え

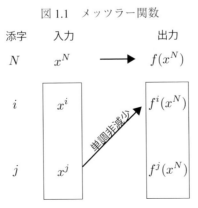

図 1.1 メッツラー関数

てみよう．ここで，添字は企業をあらわす．ある企業 $i$ が余剰能力を減少させ，生産量を上げれば，市場にはたくさんの製品が供給され，市場価格は低下するであろう．その結果，他の企業 $j$ の収入および利潤は減少する．このとき，生産量に対して，利潤を与える関数は非対角単調関数である．同様に，単純な環境汚染の問題にも，非対角単調関数は現れる．ある地域 $i$ が有害物質の大気への排出量を増やせば，他の地域 $j$ の生活コストは上がる．このとき各地域の有害物質の排出量に対して，各地域の生活コストを対応づける関数は，メッツラー関数である．

メッツラー関数の経済学での研究史は長い．古典的な例は，粗代替性をもつ超過需要関数である．ここで，添字は財の種類をあらわし，関数の入力は価格，出力は市場の超過需要すなわち需要から供給を差し引いたものである．粗代替性とは，第 $i$ 財の価格が上昇したとき，異なる第 $j$ 財の超過需要が増加するという性質である．これは，ある財の価格の上昇がその財を購入することの相対的な魅力を引き下げ，他の財の超過需要を増大させるような状況を記述している．粗代替経済は，競争均衡が安定性をもつなどの，さまざまな注目すべき性質をもつことがあきらかにされている．

非対角成分が非負になる行列はメッツラー行列と呼ばれている．微分可能な関数は，偏微分を並べた行列（ヤコビ行列）がメッツラー行列であるとき，メッツラー関数である．メッツラー行列は，非負行列論という名の下に，フロベニウス根などと関連して研究されてきた．レオンチェフモデルも，この枠組みで理論的に分析されてきた．かつて，非負行列論は数理経済学における大きなテーマであった[1]．しかし，近年においては，経済学関連の学界での非対角単調関数に対する明示的

---

[1] 二階堂 (1960, 1961), Morishima (1964), Nikaido (1968) などを参照せよ．

な言及は少なくなった[2].

## 1.2 本書の目的

本書の目的は，メッツラー関数の新しい理論を提供することである．理論の要点は，第4章で述べる**最大保障問題**という最適化問題の定式化にある．第一に，この最大保障問題の解は必ず存在し，**単調アルゴリズム**と呼ぶ単純なアルゴリズムによって解くことができることを示す．第二に，この問題の解は問題のパラメータの変化に対して単調に変化し，簡単な比較静学ができることを示す．第三に，多く既存の応用例が，最大保障問題として無理なく統一的に理解できることを示す．実際，多くの有名なアルゴリズムが単調アルゴリズムの一例としてとらえることができる．

最大保障問題をやや一般性を失った形で記述すると，次のようになる．添字の集合を $\{1, 2, \ldots, n\}$ とし，各変数 $x_i$ の定義域を閉区間 $[0, 1]$ とし，$a_i$ を実数としたとき，すべての $i = 1, 2, \ldots, n$ に対して，ベクトル $(x_1, x_2, \ldots, x_n)$ に関する条件

$$f_i(x_1, x_2, \ldots, x_n) \geq a_i \text{ または } x_i = 0$$

を考えよう．この条件をみたすベクトルの中で，**最大元** $(x_1^*, x_2^*, \ldots, x_n^*)$ を見つけるというのが，最大保障問題である．与えられた条件に対する最大元とは，第一に，それ自身が条件をみたしており，第二に，同じく条件をみたす他のベクトルと比較すると，どの座標も同じか大きくなるような元である．

この最大元を求める単調アルゴリズムは，各 $a_i$ を同時に 1 から出発

---

[2] たとえば，Mas-Colell, Whinston, and Green (1995) を参照せよ．川又 (2003) は，後の述べる優モジュラー性との関連で，歴史的な研究成果について明示的な言及がなされなくなったことを指摘している．

し，$i$ に関する制約条件をみたさないかぎり，$x_i$ の値を少しずつ下げていくというものである．たとえば，需要から供給を引いたものが負であるあいだは，価格を少しずつ下げていくプロセスを想像してほしい．メッツラー関数の性質より，最終的にはすべての需要を非負にするような価格が見つかるということがあきらかにされる．

## 1.3　本書の主な応用例

本書の第3章および第5章では，ゲーム理論を中心に，メッツラー関数と最大保障問題が生じる新たな応用例を示す．具体的には，懲罰優位関係をもつ戦略型ゲーム，ネットワークの最短経路問題，二部マッチング，複数人区の単記移譲式の選挙などである．

懲罰優位関係をもつゲームとは，メッツラー関数で記述されたゲームである．そこでは，添字がプレーヤー，入力が各プレーヤーの選んだ行動，関数値が各プレーヤーの利得と解釈される．上に述べたクールノーの寡占モデルのほか，公共財の供給モデル，ベルトランの寡占市場ゲーム，共有資源モデルなどもその例である．本書では，このゲームにおいて，プレーヤーの集団が，自分たちに与えられた利得水準を実力で改善する可能性を考える．第5.1節では，この問題は最大保障問題で定式化され，単調アルゴリズムによって解決されることを示す．

第5.2節では，先に述べた粗代替経済を取り上げ，均衡価格が最大保証問題の解として定式化されることを示し，均衡価格の存在について新たな証明方法を示す．また，単調アルゴリズムがある種の模索過程を記述していることを示す．

最短経路問題は，2つの地点の最短距離を求める問題である．この解法は，ナビゲーションシステムの基礎技術でもある．1つのルートが最短経路であるための必要十分条件は，当該ルートのほうが，その任

意の迂回ルートよりも距離が短いことである．一般に任意の辺（最小単位のルート）の最短迂回距離は，他の辺の距離づけに対して，単調非減少である．したがって，各辺の距離づけに対して，最短迂回距離を与える関数はメッツラー関数である．このメッツラー関数の性質は，最短経路問題での目的関数に引き継がれる．第5.3節では，最短経路は最大保障問題で特徴づけられ，よく知られているベルマン=フォードのアルゴリズムが，この最大保障問題を解く単調アルゴリズムになっていることを示す．

　二部マッチングは，「結婚問題」という名でよく知られているものであり，男女の結婚，大学への学生の入学，企業への労働者の就職など，2つの集団間でのマッチングを問題にするものである．それぞれの現行の相手よりも，互いを高く評価しあうようなペアが存在するとき，現行のマッチングは不安定である．安定的なマッチングが存在するための十分条件として，代替可能性というものが知られている．代替可能性とは，一度選考対象になりながら落選した選択肢は，選考対象が増えても落選するという性質である．代替可能性は，候補の集合に対して非当選者を定める関数がメッツラー関数であることを意味している．第5.4節では，安定的なマッチングは最大保障問題で特徴づけられ，ゲールとシャプレーのアルゴリズム (Gale and Shapley, 1962) が，対応する単調アルゴリズムになることを示す．

　単記移譲式の選挙は，イギリス式比例代表とも呼ばれる選挙方式である．単記移譲式の選挙において，各有権者は，候補者に対するランキングを決め投票する．集計にあたっては，当選ライン以上に票の取りすぎた候補は，各票のランキングにしたがって，まだ当選に届かない候補に票を移譲する．この制度の長所は，票の取りすぎによる同士討ちや，票の平均化による共倒れの可能性をなくし，選挙結果に有権者の分布を反映させる点である．投票後の集計の際に，ある候補の票の移譲率を増やすと他の候補の得票が増加するので，移譲率を得票に

対応づける関数は，メッツラー関数になる．第 5.5 節では，最終的な票の移譲率は，単調アルゴリズムによって決定することができることを示す．

## 1.4 優モジュラー関数との関係

第 6 章では，優モジュラー関数とメッツラー関数の関係を取り上げる．$n$ 次元実数ベクトルに対し 1 次元実数値を与える関数の優モジュラー性とは，どの基準から出発しても，入力の第 $i$ 座標だけを上昇させたときの増分と入力の第 $j$ 座標だけを上昇させたときの増分との和が，両方の座標を同時に上昇させたときの増分を上回らないという性質である．優モジュラー関数の符号を逆にしたものを劣モジュラー関数という．優モジュラー性や劣モジュラー性は，Edmonds (1970) および Shapley (1971) 以来，多様な応用範囲のある数学的構造として注目されてきた．

微分可能な優モジュラー関数は，微分（勾配ベクトル）を与える導関数がメッツラー関数になるものとして特徴づけられるという事実はよく知られている．しかし，メッツラー関数の中には優モジュラー関数の勾配ベクトルとしてはとらえきれないものがある．実際，連続微分可能なメッツラー関数が，何らかの優モジュラー関数の導関数となるためには，完全積分可能性という二階の偏微分の順序変換に対応する条件をみたさなければならない．すなわち，メッツラー関数の偏微分を順番に並べた行列（ヤコビ行列）が対称になる必要がある．実際，本書で扱う寡占モデルや単記移譲式の例では，退化した場合を除いて，メッツラー関数のヤコビ行列は対称にならず，優モジュラー関数の微分とはならないことがわかる．

第 6.2 節では，微積分とは別の観点から優モジュラー関数とメッツ

ラー関数の関係を議論する．別の観点とは，戦略型ゲームから提携型ゲームの構成という観点である．戦略型ゲームとは，各人の行動の組に対して，各人の利得を与える関数である．一方，提携型ゲームは各集団に対して，集団の実力で達成可能な利得ベクトルの集合を与える．利得ベクトルの集合が，達成可能な利得の和で特徴づけることができる場合には，提携型ゲームは，各集団の特性ベクトル（各座標が1か0の$n$次元ベクトル）に対し，実数値を出力する関数によって表現される．このとき，任意の優モジュラー関数は，適当なメッツラー関数の提携型として表現されることを示す．一方，任意のメッツラー関数から構成した提携型が，優モジュラーになるとはかぎらないこともあきらかにする．この意味でも，メッツラー関数は，優モジュラー関数にくらべて分析対象が広い．

第6.3節では，優モジュラー性に変わる，メッツラー関数の特徴づけを与える．鍵となる考えは，全統合性という概念であり，もともと，優モジュラー性の概念を拡張する際に考えだされたものである．それによれば，メッツラー関数が生成する提携型ゲームは必ず全統合性をもち，逆にどのような全統合性をもつ提携型ゲームも，メッツラー関数によって生みだされる．

## 1.5 本書の成果

本書では，理論的で数学的な本であると同時に，多くの分野の応用の本であることを目指した．本書で意図されているのは，具体的な場面を整理して統一的に把握することである．理論的にも，本書が強調したいのは，新しい諸命題ではなく，諸命題の新しい関係である．実際，本書には，筆者が新たに示したとされる命題も含まれるが，本書で示す命題やアルゴリズムには既知のものも多い．

なお，本書の一部は筆者による雑誌掲載論文 (Masuzawa, 2003, 2008, 2011) の一部を再構成したものである．残りのものは公益財団法人三菱経済研究所在籍中および前後の研究によっており，その一部は英文の Working Paper にまとめてある (Masuzawa, 2012 a b c, 2013).

# 第2章 準備的議論

本書は，丸山（2002, 第1章および第2章）などにある初等的な解析学の知識を前提とする．この章では基礎概念を確認しながら，あまり一般的ではないものを中心に本書での記号法を説明する．さらには，本書で焦点となるいくつかの点について，詳しく概念を整理する．

## 2.1 集合の表記

数や図形などの多様な数学的対象を「集合」に一元的に還元する方法があり，現代の数学はこの方法に影響をうけている．$a$ が集合 $S$ の要素（元）であることを $a \in S$ であらわす．集合の包含関係の表記 $\subset$ は，等号を含むものとする．すなわち，任意の $x \in S$ に対して $x \in T$ となるとき，$S \subset T$ とする．空集合は $\emptyset$ であらわす．集合 $S$ が有限個の要素しかもたないとき，$|S|$ で $S$ の要素の個数をあらわす．$S \cap T$ は $S$ と $T$ との両方に含まれる要素全体を，$S \cup T$ は $S$ と $T$ の少なくとも一方に含まれる要素全体をあらわす．$S \setminus T$ は，$S$ に属する一方で $T$ には属さない要素全体をあらわす．

集合 $N$ の任意の要素 $\nu \in N$ に対して，集合 $M$ の要素 $\mu \in M$ を対応づける規則を，**添字された集合族 (indexed family)** と呼ぶ．関数と添字された集合族とは同じものの異なる言い回しであるが，意識の向け方に違いがあり，複数の記述のしかたを持っておくことは，さまざまな概念を混乱なく議論するためには便利である．$f$ が，集合 $N$ の要素を集合 $M$ の要素へ対応づける関数であることを，$f : N \to M$ であら

わす．要素 $\nu \in N$ に対して，要素 $\mu \in M$ が対応づけられているとき，$\nu$ を入力と呼び，$\mu$ を出力という．入力 $\nu$ に対する出力は $f(\nu)$ とあらわす．一方，

$$M^N$$

で，集合 $N$ の任意の要素 $\nu \in N$ に対して集合 $M$ の要素を対応づける添字された集合族の全体をあらわす．$M^N$ の要素は，

$$(y^\nu)_{\nu \in N} \; \text{や} \; y^N$$

などであらわす．ここで $y^\nu$ は $\nu \in N$ に対応づけられた $M$ の要素をあらわす．

　本書では，$y^\nu$ のように右上の添字も，$y_\nu$ のように右下の添字もつかう．本書では，右上の添字がべき指数をあらわすときは，別途断ることにする．

　集合 $N$ と，その部分集合 $S \subset N$ およびその要素 $i \in N$ に対して，$S$ の**特性ベクトル** $\chi_S := (\chi_S^i)_{i \in N}$ を次のように定義する．

$$\chi_S^i := \begin{cases} 1 & i \in S \text{ のとき}, \\ 0 & i \in S \text{ のとき}. \end{cases}$$

特性ベクトル $\chi_S := (\chi_S^i)_{i \in N}$ は，$\{0,1\}^N$ の要素であり，$N$ の部分集合は，その特性ベクトルと同一視することができる．集合 $N$ に対して，$N$ の部分集合全体の集合を $2^N$ であらわす．

　ここで，ゲーム理論の分野では容認されているが，標準的な表記法に違反した例外的な表記法を取り入れよう．第一に，$y^{\{i\}}$ と $y^i$ は概念的には異なるが，問題のないとき両者に対して同じ表記 $y^i$ をつかうことにする．

　第二に，$N_1 \cap N_2 = \emptyset$ となるとき，$y_1^{N_1} \in M^{N_1}, y_2^{N_2} \in M^{N_2}$ に対して，

定義される表記

$$(y_1^{N_1}, y_2^{N_2})$$

で，次の条件をみたす添字された集合族 $(z^i)_{i \in N_1 \cup N_2}$ をあらわす．

$$z^i = \begin{cases} y_1^i & i \in N_1 \text{のとき}, \\ y_2^i & i \in N_2 \text{のとき}. \end{cases}$$

$(y_1^{N_1}, y_2^{N_2})$ は，「順序対」ないしは「直積」とは異なるので，本来は別の表記をもちいるべきであるが，注意して使用すれば混乱は生じないし，新しい表記が多いと煩雑になるので，この使用法を採用する．また，場合分けの煩雑さを避けるために，たとえば $N_2 = \emptyset$ となるときは，

$$(z^{N_1}, z^{N_2}) \text{ は } z^{N_1} \text{ を意味する}$$

などと約束しておく．同様にして，

$$(y_1^{N_1}, y_2^{N_2}, \ldots, y_n^{N_n})$$

などの表記を使用する．また，$\emptyset \neq T \subset S$ としたとき，与えられた $y^S = (y^i)_{i \in S} \in X^S$ に対し，$y^T$ で，$(y^i)_{i \in T}$ をあらわすことにする．

括弧記号が連続したときは混乱のないかぎり適宜省略することにする．たとえば，$f((a^S, a^T))$ は，内側の括弧を省略して，$f(a^S, a^T)$ とあらわすことにする．関数 $f : M_1^{N_1} \to M_2^{N_2}$ が，入力 $(x^i)_{i \in N_1} \in M_1^{N_1}$ に対して，出力として何らかの $(y^i)_{i \in N_2} \in M_2^{N_2}$ を与えたとしよう．このとき，$y^i$ を $(f(x^{N_1}))^i$ ではなく $f^i(x^{N_1})$ であらわすことにする．同様に，$S \subset N_2$ に対して，$y^S = (y^i)_{i \in S}$ を $(f(x^{N_1}))^S$ ではなく $f^S(x^{N_1})$ であらわすことにする．

## 2.2 有限次元実数空間での大小関係

実数の集合は $\Re$,非負の実数の集合は $\Re_+$,正の実数の集合は $\Re_{++}$ であらわす.等号を含んだ大小関係は $\geq$,等号を含まない大小関係は $>$ であらわすことにする.それぞれ逆向きの不等号 $\leq$ および $<$ も使用する.実数に無限大 $\infty$ と負の無限大 $-\infty$ を加えたものを拡大実数と呼び,$\tilde{\Re}$ であらわす.拡大実数の任意の 2 つの要素には大小関係が定められている.すなわち,任意の実数 $c$ に対して,$c < \infty$ かつ $-\infty < c$ である.

有限集合 $N$ に対し,$\tilde{\Re}^N$ を議論する.$\tilde{\Re}^N$ の要素には「大小関係」が定義できることが重要である.本書では,$x^N, y^N \in \tilde{\Re}^N$ に対して,任意の $i \in N$ について $x^i < y^i$ のとき

$$x^N \ll y^N$$

と書くことにする.同様に,任意の $i \in N$ について $x^i \leq y^i$ のとき

$$x^N \leq y^N$$

と書くことにする.二項関係 $\leq$ は半順序 (partial order) になる.すなわち,反射性,推移性,反対称性を満たす.

**反射性** $x^N \leq x^N$.

**推移性** $x^N \leq y^N$ かつ $y^N \leq z^N$ ならば,$x^N \leq z^N$.

**反対称性** $x^N \leq y^N$ かつ $y^N \leq x^N$ ならば,$x^N = y^N$.

2 つのベクトル $a^N, b^N \in \Re^N$ が $a^N \leq b^N$ をみたすとき,**閉区間** $[a^N, b^N]$ を

$$[a^N, b^N] := \{x^N \in \Re^N : a^N \leq x^N \leq b^N\}$$

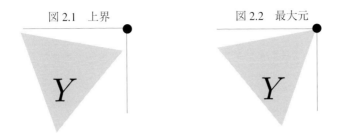

図 2.1　上界　　　　　図 2.2　最大元

と定義する．すべての座標で 0 をとる $\tilde{\mathfrak{R}}^N$ の要素を $0^N$ で表す．混乱のないかぎり，単に 0 ともあらわす．

**上界・下界および最大元・最小元**　集合 $Y \subset \tilde{\mathfrak{R}}^N$ に対し，要素 $x^N \in \tilde{\mathfrak{R}}^N$ が $Y$ の**上界 (upper bound)** であるとは，すべての $y^N \in Y$ に対して，$y^N \leq x^N$ であることをいう（図 2.1）．$Y$ の上界は，かならずしも $Y$ に属さない．また，$Y \subset \tilde{\mathfrak{R}}^N$ の上界は，複数存在する可能性がある．点 $x^N \in \tilde{\mathfrak{R}}^N$ が $Y$ の**最大元 (maximum element)** であるとは，$x^N$ が $Y$ の上界であって，しかも $Y$ に属する（$x^N \in Y$）ことをいう（図 2.2）．任意の集合 $Y \subset \tilde{\mathfrak{R}}^N$ に対して，$Y$ が最大元をもつとはかぎらない．集合 $Y \subset \tilde{\mathfrak{R}}^N$ の最大元が存在するとき，最大元を $\max Y$ であらわす．同様に，**下界 (lower bound)**，**最小元 (minimum element)** を定義することができる．集合 $Y \subset \tilde{\mathfrak{R}}^N$ の最小元を $\min Y$ であらわす．

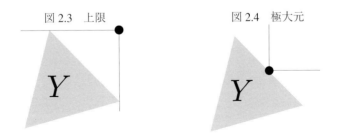

図 2.3　上限　　　　　図 2.4　極大元

図 2.5　結びと交わり

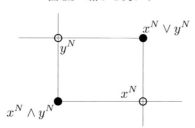

**上限および下限**　上界の最小元を**上限 (supremum)** と呼び，sup $Y$ であらわす．すなわち，集合 $Y$ の上限とは $y^N \in Y$ ならば，$z^N \geq y^N$ となるような $z^N$ のうち最小のものである（図 2.3）．同様にして，下界の最大元を**下限 (infimum)** と呼び，inf $Y$ であらわす．集合 $Y$ の下限とは，$y^N \in Y$ ならば，$y^N \geq z^N$ となるような $z^N$ のうち最大のものである．

　任意の部分集合 $Y \subset \tilde{\mathfrak{R}}^N$ には，上限 sup $Y$ と 下限 inf $Y$ が存在する．とくに，$|N|=1$ のとき，この性質は実数の完備性と呼ばれ，解析学でよく言及される．$|N|>1$ のときは，$z^i := \sup\{y^i : (y^i, y^{N\setminus\{i\}}) \in Y\}$ とおけば，$(z^i)_{i \in N}$ が上限となる．

**極大元および極小元**　点 $x^N \in \tilde{\mathfrak{R}}^N$ が $Y$ の**極大元 (maximal element)** であるとは，$x^N \in Y$ かつ，どのような $y^N \in Y$ に対しても，$y^N \geq x^N$ ならば，$y^N = x^N$ となることである（図 2.4）．極大元は複数存在する可能性がある．極大元は，経済学におけるパレート効率的な状態に相当する．同様にして**極小元 (minimal element)** も定義できる．

**束**　2 つの要素 $x^N, y^N \in \mathfrak{R}^N$ に対して，**結び (join)** $(x^N \vee y^N) \in \mathfrak{R}^N$ と**交わり (meet)** $(x^N \wedge y^N) \in \mathfrak{R}^N$ を次のように定義する（図 2.5）．

$$(x^N \vee y^N)^i := \max\{x^i, y^i\},$$

図 2.6  $Y$ に属する上界

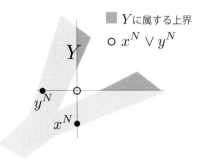

$$(x^N \wedge y^N)^i := \min\{x^i, y^i\}.$$

$(x^N \vee y^N)$ は，ペア $\{x^N, y^N\}$ の上限になっている．同様に $(x^N \wedge y^N)$ は，ペア $\{x^N, y^N\}$ の下限になっている．二項関係 $\leq$ は半順序であり，任意の2要素に対して，上限および下限をもつ．このことをもって，二項関係 $\leq$ と $\tilde{\mathfrak{R}}^N$ の組は束 (lattice) をなすという．

**束の部分集合**　いま，部分集合 $Y \subset \tilde{\mathfrak{R}}^N$ と，その中の2点 $x^N, y^N \in Y$ のペア $\{x^N, y^N\}$ を考えよう．このとき，$(x^N \vee y^N)$ は，$Y$ の要素になるとはかぎらない．しかも，$\{x^N, y^N\}$ の $Y$ に属する上界には，最小元が存在するとはかぎらない（図 2.6）．

部分集合 $Y \subset \tilde{\mathfrak{R}}^N$ とその中の任意の2点 $x^N, y^N \in Y$ に対し，$\{x^N, y^N\}$ が，$Y$ に属する上界の最小元，および $Y$ に属する下界の最大元をもつとき，$(Y, \leq)$ は束をなすという．さらに，$Y$ の任意の部分集合 $X \subset Y$ が，$Y$ に属する上界の最小元，および $Y$ に属する下界の最大元をもつとき，$Y$ は**完備な束**をなすという．

注意すべきことは，$(Y, \leq)$ が束をなして，かつ $x^N, y^N \in Y$ であっても，$(x^N \vee y^N), (x^N \vee y^N) \in Y$ であるとはかぎらないという点である．

たとえば,
$$N = \{1,2\},\ Y = \{x^N : (x^1, x^2) = (3,3), (0,0), (1,2), (2,1)\}$$
としたとき,$(Y, \leq)$ は束をなす.実際,$\{(1,2),(2,1)\}$ の $Y$ に属する上界の最小元は,$(3,3)$ であり,$Y$ に属する下界の最大元は $(0,0)$ である.しかし,
$$(1,2) \vee (2,1) = (2,2) \notin Y,\ \text{かつ}\ (1,2) \wedge (2,1) = (1,1) \notin Y$$
である.

## 2.3 点列の収束および関数の連続性

### 2.3.1 点列の収束

本書では $N$ や $M$ でもっぱら関数の添字の有限集合とし,字体の異なる $\mathbb{N}$ を正の整数全体の集合とする.自然数全体 $\mathbb{N}$ の無限部分集合 $\mathbb{T} \subset \mathbb{N}$ に対して $\tilde{\mathfrak{R}}^N$ の要素を与える添字された集合族 $(x_k)_{k \in \mathbb{T}}$ を,$\tilde{\mathfrak{R}}^N$ の **点列** と呼ぶ.有限の点列という概念もあるが,本書では断りなく点列といったときは,$\mathbb{T}$ が無限であることを前提とする.点列 $(x_k^N)_{k \in \mathbb{T}}$ と無限個の集合 $\mathbb{S} \subset \mathbb{T}$ に対して,$(x_k^N)_{k \in \mathbb{S}}$ を $(x_k^N)_{k \in \mathbb{T}}$ の部分列と呼ぶ.

**定義 1**(拡大実数での収束)

点列 $(x_k)_{k \in \mathbb{T}}$ が,拡大実数 $x \in \tilde{\mathfrak{R}}$ 収束するとは,
1. $a < x$ をみたすどのような実数 $a$ に対しても,添字 $k$ がある番号以上のものすべてについて,$a < x_k$ となり,かつ
2. $x < b$ をみたすどのような実数 $b$ に対しても,添字 $k$ がある番号以上のものすべてについて,$x_k < b$ となる

ことである.

$\tilde{\mathfrak{R}}^N$ の点列の収束は次のように定義される．点 $x^N \in \tilde{\mathfrak{R}}^N$ に $\tilde{\mathfrak{R}}^N$ の点列 $(x_k^N)_{k \in \mathbb{T}}$ が収束するとは，すべての座標 $i \in N$ について，$\tilde{\mathfrak{R}}$ の点列 $(x_k^i)_{k \in \mathbb{T}}$ が，$x^i$ に収束することをいう．

点列の収束に関して，本書で重要になるのは次の事実である．

**命題 2**（単調列の収束）
1. $\tilde{\mathfrak{R}}^N$ の点列 $(x_k^N)_{k \in \mathbb{T}}$ は，すべての $k, k' \in \mathbb{T}$ に対して $k < k'$ ならば，$x_k^N \leq x_{k'}^N$ であるとき，$\sup\{x_k^N : k \in \mathbb{T}\}$ に収束する．
2. $\tilde{\mathfrak{R}}^N$ の点列 $(x_k^N)_{k \in \mathbb{T}}$ は，すべての $k, k' \in \mathbb{T}$ に対して $k < k'$ ならば $x_k^N \geq x_{k'}^N$ であるとき，$\inf\{x_k^N : k \in \mathbb{T}\}$ に収束する．

部分集合 $X \subset \mathfrak{R}^N$ が $\mathfrak{R}^N$ の**閉集合**であるとは，すべての $k \in \mathbb{T}$ について $x_k^N \in X$ となる点列 $(x_k^N)_{k \in \mathbb{T}}$ が $x^*$ に収束するならば，$x^* \in X$ となることをいう．$X \subset \mathfrak{R}^N$ が**有界**であるとは，$\mathfrak{R}^N$ に属する上界と下界が存在することをいう．

**命題 3**（有界閉集合での部分列の収束）
$X \subset \mathfrak{R}^N$ を有界な閉集合とする．このとき，$X$ 内に値をとる点列 $(x_k)_{k \in \mathbb{T}}$ は何らかの $x^* \in X$ に収束する部分列をもつ．

### 2.3.2 関数の連続性

**定義 4**（連続性）
$X^N \subset \mathfrak{R}^N$ とする．関数 $f : X^N \to \mathfrak{R}$ が点 $x^N \in \mathfrak{R}^N$ において連続であるとは，$a < f(x^N) < b$ となるどのような $a, b \in \mathfrak{R}$ に対しても，$c^N \ll x^N \ll d^N$ となる適当な $c^N, d^N \in \mathfrak{R}^N$ が存在して，$y^N \in X^N$ かつ $c^N \ll y^N \ll d^N$ ならば，$a < f(y^N) < b$ となることをいう．

すなわち，関数値 $f(x^N)$ の周りの範囲をどのように小さくとろうとも，それに応じて $x^N$ の周囲を十分に制限すれば，$x^N$ の周囲の点 $y^N \in \mathfrak{R}$ の関数値 $f(y^N)$ は，最初に選んだ関数値の範囲に収まるというのが，連続性の意味である（図 2.7）．ここで，$c^N, d^N$ は $a, b$ に応じ

図 2.7 連続性の定義

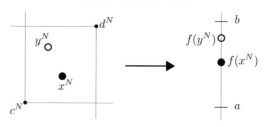

て選択されていることに注意しよう.

連続性は,収束の概念を用いて言い換えることができる.

**命題 5**

関数 $f:\Re^N \to \Re$ が $x^N \in \Re^N$ において連続であるための必要十分条件は,$x^N$ に収束するどのような点列 $(x_k^N)_{k \in \mathbb{T}}$ に対しても,関数値からなる点列 $(f(x_k^N))_{k \in \mathbb{T}}$ が $f(x^N)$ に収束することである.

連続な関数 $f:\Re^N \to \Re$ は,有界閉集合において最大値および最小値をとる.有界閉集合において関数が最大値と最小値とが存在するための十分条件が,連続性であったのに対して,少なくとも最大値が存在する(最小値はもたないかもしれない)ための十分条件として知られているのは,上半連続性である.

**定義 6(上半連続性)**

$X^N \subset \Re^N$ とする.関数 $f:X^N \to \Re$ が点 $x^N \in \Re^N$ において上半連続であるとは,$f(x^N) < b$ となるどのような $b \in \Re$ に対しても,$c^N \ll x^N \ll d^N$ となる適当な $c^N, d^N \in \Re^N$ が存在して,$y^N \in X^N$ かつ $c^N \ll y^N \ll d^N$ ならば,$f(y^N) < b$ となることをいう.

ここで,連続性の定義と同じく,$c^N, d^N$ は $b > 0$ に応じて存在していることに注意しよう.連続性の定義では,$f(x^N)$ の周囲を両方向から制限することを考えていたが,上半連続の定義では,$f(x^N)$ の上側

図 2.8 上半連続性の定義

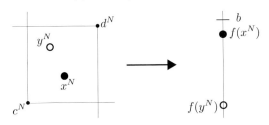

からのみ制限することを考えている(図 2.8). 下半連続性も同様にして定義することができる.

上半連続性および下半連続性は,右からの連続性および左からの連続性と混同してはならない.

**定義 7**(右からの連続性)

$X^N \subset \Re^N$ とする. 関数 $f : X^N \to \Re$ が $x^N \in \Re^N$ において右から連続であるとは,$a < f(x^N) < b$ となるどのような $a, b \in \Re$ に対しても,$x^N \ll d^N$ となる適当な $d^N \in \Re^N$ が存在して,$y^N \in X^N$ かつ $x^N \leq y^N \ll d^N$ ならば,$a < f(y^N) < b$ となることをいう.

連続性は,$x^N$ の周囲を制限するとき $c^N \ll x^N$ となる $c^N \in \Re^N$ をとらなければならなかった.すなわち $x^N$ の左側や下側にも余裕をとらなければならなかった.しかし,右からの連続性の場合は,$x^N$ 左側や下側に余裕をとる必要がない(図 2.9).

図 2.9 右からの連続性

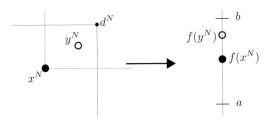

上下と左右との連続性があるのでまぎらわしいが，一変数関数のグラフの定義域を横軸に，値域を縦軸にとることを思い出せばよい．

関数 $f: X^N \to Y^N$ は，任意の $i \in N$ に対して，定義域上のすべての点 $x^N \in X^N$ において $f^i: X^N \to Y^i,\ x^N \mapsto f^i(x^N)$ が連続であるとき，単に関数は連続であるという．同様に，関数 $f: X^N \to Y^N$ が上半連続である，下半連続である，右から連続である，左から連続である，という言い回しを使う．

## 2.4 有向グラフ

グラフの用語の定め方に関しては，英語においても日本語においても異なる流儀があるので，定義を確認しながら議論をすることが重要になる．

有限の**有向グラフ (directed graph)** とは，$V$ を有限個の**頂点 (vertex)** の集合，$E$ を有限個の**有向辺 (directed edge)** の集合，すべての有向辺 $e$ に対して始点 $\psi_+(e) \in V$ と終点 $\psi_-(e) \in V$ を定める関数 $\psi_+, \psi_-: E \to V$ からなる（図 2.10）．

2 つの頂点 $x, y \in V$ に対して，頂点と辺の有限の列

$$P: v_0, e_1, v_1, e_2, \ldots, e_m, v_m$$

で，次の条件をみたすものを，$x$ から $y$ への**経路**と呼ぶ（図 2.11）．

図 2.10　辺と頂点

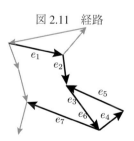

図 2.11　経路

図 2.12 サイクルのない経路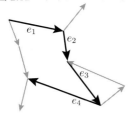

図 2.13 サイクル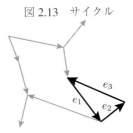

(i) $x = v_0 = \psi_+(e_1)$, $y = v_m = \psi_-(e_m)$,

(ii) $v_k = \psi_-(e_k) = \psi_+(e_{k+1})$ $(k = 1, 2, \ldots, m-1)$,

このとき，経路 $P$ は，各頂点 $v_k$ および各辺 $e_k$ **を通る**という．1つの頂点からなる列も経路とする．$x$ から $y$ への経路が少なくとも1つあるとき，$y$ **は** $x$ **から到達可能**であるという．経路 $v_0, e_1, v_1, e_2, \ldots, e_m, v_m$ は，$v_0 = v_m$ となるとき**サイクル (cycle)** と呼ぶ（図 2.12, 図 2.13）．

## 2.5 アルゴリズム

### 2.5.1 アルゴリズムの必要性

本書では，アルゴリズムについても議論をする．20世紀になってから「計算」や「アルゴリズム」に関しての精緻な理論が構築された．ここでは，深入りはせずに，必要事項について簡単に述べるにとどめる．精確な理論については，たとえば笠井・戸田 (1993) を参照せよ．

「関数の計算」が問題になるのは，同じ数学的対象が別の表現をもち，場合によっては特定の表現を知る必要が生じるからである．たとえば，利潤を最大にする自動車の生産台数は2万であるとき，「利潤を最大にする自動車の生産台数」と「2万」は同じ数の別表現である．しかし，利潤を最大にするといった具体的な行動目的のためには，「利潤を最大

にする生産台数」という言い方ではなく,「自動車 2 万台」といった特定の表現を知る必要が生じる.

　表現を問題にするためには,本来ならば,文字列を対象とした数理的な議論を展開する必要がある.しかし,本書では,文字列の扱いについて詳細な議論をせずに,混乱が生じないように注意しながら常識的に論じることにする.たとえば,自然数 $a$ を入力する場合は,アラビア数字の列で表現されていると考えてほしい.

### 2.5.2　アルゴリズムの定義

　計算およびその手順であるアルゴリズムのとらえ方には,さまざまなアプローチがある.しかし,関数がアルゴリズムをもつか否かという問題に関しては,どのアプローチも同等であることが示されている.そのひとつである,while プログラムのアイデアは次のように説明することができる.

　「計算」を文字列に対する規則的な操作とみることにすれば,どのような複雑な計算も,(1) 現前の文字列についての「簡単な判断」と,(2) 現前の文字列の「簡単な改変作業」を繰り返し行っていることがわかる.したがって,「簡単な判断」を行う命令(基本条件文)と「簡単な改変作業」を行う命令(基本実行文)とを並べることによって,計算の手順すなわちアルゴリズムを記述することができる.

　while プログラムは,次のように帰納的に定義される.(a) まず,基本実行文は,while プログラムである.次に,(b) 2 つの while プログラムを順に並べたものは,while プログラムである.最後に,(c) 基本条件文と while プログラム B に対して,while 文と呼ぶ次の形式は,while プログラムである.

　　　　while　A　do　B:

while 文は,判断 A が正しいかぎり,操作 B を繰り返し行うことを意味している.while 文は,C 言語や Pascal といったプログラミング言語

でも登場する．

基本条件文や基本実行文として，どのようなものを認めるかによって，while プログラムで記述できるアルゴリズムの範囲は変化する可能性がある．しかし，文字列に関する原初的な判断と原初的な操作のみを認めれば，ほとんどのアルゴリズムを記述できることがわかっている．本書では，しばしば，関数値の呼び出しを基本実行文に加えるなどして，アルゴリズムを考える．このようなアルゴリズムの実行は，原初的でない操作を超越的に行っていると解釈できることから，神託計算と呼ばれている．

本書では，アルゴリズムを記述するのに，厳密な while プログラムではなく，適宜，日常言語を用いて記述する．しかし，それが while プログラムで記述しえることは容易に理解できるであろう．

### 2.5.3 アルゴリズムの効率性

アルゴリズムを機械に実行させても，その実行に時間がかかりすぎる場合がある．計算機は，基本的な操作の実行時間を短くするが，必要な基本操作の数が爆発的に増加すれば，計算機を使うことによる時間短縮が意味をなさないのである．

たとえば，複数の辺で結ばれた有限個の地点すべてを通り元に戻らなければならないとき，もっとも短いルートはどれか，という問題を考えよう．この問題は，すべてのルートを列挙して，逐一比較するアルゴリズムで解決することができる．しかし，辺の数が多くなると，比較すべきルートの数が爆発的に増加して，すべてのルートを逐一比較する作業は，実行することが事実上不可能になる．

したがって，問題の規模の増加に対して，実行される基本操作の数が爆発的には増加しないようなアルゴリズムが必要だと考えられている．組合せ最適化と呼ばれる分野で追求されているのは，この意味で十分に使用できるアルゴリズムである．本書では，アルゴリズムの効率性

についての詳細な議論は展開しないが，本書で取り上げるアルゴリズムはすべて効率的なアルゴリズムとして提案されてきたものである．

### 2.5.4 計算と定性的理論

　アルゴリズムの中には，解の候補を反復的に改善していく形式をもつものがある．本書で扱うアルゴリズムは，すべてその形式である．反復的なアルゴリズムは，時間 $t$ が，$t = 1, 2, \ldots$，と動いていくときの，離散的な動学を考えるのと同じことになる．本書でも言及する競争均衡の安定性の議論は，主に微分方程式を通じて時間が連続的に変化するなかで，価格が変化する動学として議論されてきた．この動学を離散的になおしたものはアルゴリズムとしてとらえることができる．実際，この価格の動きは，市場に動きに先立って行われる思考上の計算過程であるという見方とともに，市場の実際の変化を近似したものとする見方が並列してきた．このように，「計算」は，自然現象や人間行動に先立って行うだけのものではなく，分析対象となる自然現象や人間行動のモデルとみなせることも多い．したがって，アルゴリズムの研究は，定性的な経済分析にとっても無視できないものである．

# 第3章　非対角単調関数

本章では，最初に非対角単調関数の定義を述べて，残りの部分では社会現象および人間行動にあらわれる非対角単調関数の例を挙げる．

## 3.1　非対角単調関数の定義

**定義 8**（メッツラー関数）
　$X^N \subset \Re^N$ とする．関数 $f : X^N \to \tilde{\Re}^N$ は，任意の $x^N \in X^N$ に対して，次の条件をみたすときメッツラー関数と呼ぶ．

$$j \neq i \text{ かつ } y^j \geq z^j \text{ ならば，} f^i(x^{N\setminus\{j\}}, y^j) \geq f^i(x^{N\setminus\{j\}}, z^j).$$

　微分可能な関数 $f : \Re^N \to \Re^N$ が，メッツラー関数であるための必要十分条件は，任意の $i, j \in N$ と任意の $x^N \in \Re^N$ に対して，

$$i \neq j \text{ ならば，} \frac{\partial f^i}{\partial x^j}(x^N) \geq 0$$

であることである．

　$-f$ がメッツラー関数になるような関数 $f : X^N \to \Re^N$ は**Z 関数**と呼ばれる．メッツラー関数についての議論は，符号を変えることによって，Z 関数についても同様に展開できる．しかし，符号の変更は行列式の場合のように，それなりの思考を要するものがあるので，かならずしもトリビアルな問題とはならない．

　メッツラー関数と Z 関数とをまとめて**非対角単調関数**と呼ぶことに

する．非対角単調関数は，$i, j\ (i \neq j)$ と $x^{N\setminus\{i\}}$ によって定義できる関数

$$y^i \mapsto f^j(y^i, x^{N\setminus\{i\}})$$

が，$i, j\ (i \neq j)$ と $x^{N\setminus\{i\}}$ によらず一斉に単調非減少あるいは，$i, j\ (i \neq j)$ と $x^{N\setminus\{i\}}$ によらず一斉に単調非増加になる関数である．ここで注意すべきことは，非対角単調関数であることは，すべての $i, j\ (i \neq j)$ と $x^{N\setminus\{i\}}$ に対し，関数 $y^i \mapsto f^j(y^i, x^{N\setminus\{i\}})$ が単調非減少または単調非増加になることと**同値ではない**ことである．

## 3.2　粗代替経済

粗代替経済とは，$n$ 種類の財のある市場であって，超過需要関数が粗代替性をみたすものである．

$N$ は財の種類の集合とする．超過需要関数は価格の組 $p^N = (p_i)_{i \in N}$ を入力とする．価格の組は，各座標が正であるとしよう．この価格の組に対して各経済主体は，市場での財の売買計画を立てるが，この計画を市場全体で集計したものが，市場全体での需要と供給である．超過重要関数の出力は，各財に関する，市場の需要と供給の差である．いま，正の価格ベクトル $p^N = (p^i)_{i \in N} \in \Re_{++}^N$ に対して，各財 $i \in N$ の超過需要を $Z^i(p^N)$ としよう．関数 $Z: \Re_{++}^N \to \Re^N, p^N \mapsto (Z^i(p^N))_{i \in N}$ を超過需要関数と呼ぶ．弱い粗代替性とは，他の財の価格が下がったとき，当該財の超過需要は上がらないという性質であり，次のように定式化できる．

**定義 9（弱い粗代替性）**

超過需要関数 $Z: \Re_{++}^N \to \Re^N$ が弱い粗代替性をみたすとは，任意の $i, j \in N,\ x^i, y^i \in \Re_{++},\ p^{N\setminus\{i\}} \in \Re_{++}^{N\setminus\{i\}}$ に対して次の条件をみたすこと

をいう.

$i \neq j$ かつ $x^i \geq y^i$ ならば, $Z^j(p^{N\setminus\{i\}}, x^i) \geq Z^j(p^{N\setminus\{i\}}, y^i)$.

したがって,超過需要関数が弱い粗代替性をみたすとは,それがメッツラー関数であるということに等しい.

## 3.3 クールノーの寡占市場

クールノー (1801–1877) は,1838 年に「富の理論の数学的原理の考察」の中で,のちにクールノーの寡占市場モデルと呼ばれるものを論じている.この古典的なモデルにおいても,非対角単調関数があらわれている.

複数の企業の集団 $N$ が同じ種類の財を生産する状況を考えよう.各企業 $i$ が選択し決断するのは,自社の生産量 $x^i \geq 0$ である.各企業の生産量に対して $c_i(x^i)$ という費用がかかる.一方,市場全体での生産量 $\sum_{i \in N} x^i$ に対し,それをすべて売り切るような市場価格 $P(\sum_{i \in N} x^i)$ が定まる.$P: \Re_+ \to \Re_+$ は逆需要関数と呼ばれる関数で,「財があふれると価格が下がる」という想定を反映して,単調非増加であると仮定される.

このとき,各企業の利潤は,

$$\pi_i(x^N) := x^i P\Big(\sum_{j \in N} x^j\Big) - c_i(x^i)$$

と定義される.いま,自社は生産量を変えないのに,他の企業が生産量を増やしたとする.このとき市場価格は減少するから,自社の収入は減少する.また,費用は変わらないので,結局利潤は低下すること

になる.すなわち

$$j \neq i \text{ かつ } y^j \geq z^j \text{ ならば, } \pi^i(x^{N\setminus\{j\}}, y^j) \leq \pi^i(x^{N\setminus\{j\}}, z^j)$$

である.結局,各企業の生産計画の組 $(x^i)_{i\in N}$ に対して,各企業の利潤の組を与える関数 $\pi^N = (\pi_i)_{i\in N} : \mathfrak{R}_+^N \to \mathfrak{R}_+^N$ は,Z 関数であることがわかる.

## 3.4 公共財の供給ゲーム

公共財とは利用する人の間に競合性がなく,誰も他人の利用を排除できない財である.競合性がないとは,他の人が利用することによって自分の利用が制限されることはないということである.たとえば,津波対策のための防波堤は,防波堤の内側に住む人間の数が増えても,その利便性に変わりはないであろう.一方,利用を排除できないという性質は,利用者からの料金徴収をできないことを意味する.たとえば,防波堤のための税金を負担しない者を,それを理由に防波堤の外側に追いやることは,倫理的ないしは法的にも許されないであろう.また,仮に実行を決意したとしても,そのための労力も無視できないであろう.一方,利用者の間に競合性があり,他人の利用を排除できる財は,公共財に対して私的財と呼ばれる.

財の利用をすべて消費活動として一元的にとらえるのが経済学の伝統的な一手法であるが,公共財は,共同消費される財として定式化される.すなわち,社会に公共財が $y$ 単位あったとき,すべての人間が合理的な行動の結果として,$y$ 単位の財を消費するものとして考えるのである.

いま一種類の私的財と一種類の公共財を考え,各人がそれぞれ私的財を供出して,集まった私的財を公共財生産の費用に当てるという状

況を考えよう．$N$ をこの社会に住む市民の集合とし，市民 $i \in N$ のもともと所有する私的財の量を $w^i$ であらわし，供出する私的財の量を $x^i \in [0, w^i]$ であらわす．このとき，市民 $i$ は，$(\sum_{j \in N} x^j)$ 単位の私的財からつくられた公共財と，$(w^i - x^i)$ 単位の私的財とを利用することができる．この結果に関する市民 $i$ の評価を効用関数 $v_i : \Re^2 \to \Re$ を用いて，

$$f^i(x^N) := v_i\Big(w^i - x^i, \sum_{j \in N} x^j\Big)$$

であらわすことにする．利用できる財の量が増加すると，市民の評価は上昇するという自然な想定のもとでは，$v_i$ は増加関数であると仮定される．

このとき，他の市民 $k \neq i$ が供出量 $x_k$ を上昇させると，$(\sum_{j \in N} x^j)$ が上昇し，その結果，$v_i(w^i - x^i, \sum_{j \in N} x^j)$ も上昇することになる．したがって，

$$f : [0^N, w^N] \to \Re^N, x^N \mapsto \Big(v_i\Big(w^i - x^i, \sum_{j \in N} x^j\Big)\Big)_{i \in N}$$

はメッツラー関数になる．このモデルは，外部経済のもっとも単純なモデルになっている．

## 3.5 代替可能な選択関数

選択肢の集合 $C$ に対する選択関数とは，次の条件をみたす関数 $Ch : 2^C \to 2^C$ である．

$$\text{任意の } D \subset C \text{ に対して,} \quad Ch(D) \subset D.$$

選択関数の値 $Ch(D)$ は，選択肢の集合 $D$ から，複数の要素を同時に選ぶことができるときの最適な選択のしかたを意味する．たとえば，従

業員の新規採用を考えている企業にとって，$Ch(D)$ は応募者の集団 $D$ に対して，企業にとっての最適な採用者の集団をあらわす．

**定義 10（代替可能性　Roth and Sotomayor, 1990）**

選択関数 $Ch$ が代替可能性もつとは，次の条件をみたすことをいう．$[c \in Ch(D)$ かつ $D' \subset D]$ ならば，$c \in Ch(D' \cup \{c\})$．

言い換えると，代替可能性とは，あるとき選択された $c$ は，提示される選択肢全体が少なくなってもやはり選択されるという性質である．

いま，$f : \{0,1\}^C \to \{0,1\}^C$ を

$$f_j(\chi_D) := \begin{cases} 1 & j \in Ch(D) \text{ のとき,} \\ 0 & \text{上記以外のとき,} \end{cases}$$

によって定義しよう．このとき，代替可能性は，

$$[f_j(x^j, x^{N\setminus\{j\}}) = 1 \text{ かつ } x^{N\setminus\{j\}} \geq y^{N\setminus\{j\}}] \text{ ならば, } f_j(x^j, y^{N\setminus\{j\}}) = 1$$

と書き換えることができる．一方，$f_j(x^j, x^{N\setminus\{j\}}) = 0$ のときは，任意の $y^{N\setminus\{j\}}$ に対して，$f_j(x^j, x^{N\setminus\{j\}}) \leq f_j(x^j, y^{N\setminus\{j\}})$ である．したがって，$f$ が Z 関数であることが，$Ch$ が代替可能性をみたすための必要十分条件となることがわかる．

## 3.6　迂回経路のコスト

交通網の形状を，頂点の集合を $V$，辺の集合を $E$，辺 $e \in E$ に対して始点 $\psi_+(e) \in V$ と終点 $\psi_-(e) \in V$ を定める関数 $\psi_+, \psi_- : E \to V$ で構成される有向グラフで記述することにする．頂点は地点をあらわし，有向辺は最小単位のルートをあらわし，グラフの経路は一般のルートをあらわす．

# 第3章 非対角単調関数

任意の $e \in E$ に対して，そのコストを $c_e$ または $c(e)$ とあらわすことにする．コストは，具体的には，距離，時間，支払い料金などと解釈される．本書では，「辺のコスト」が負であることも許す．料金の場合を考えれば，辺を通過することによって収入を得る場合を考えればよい．負のコストを許したとき，辺のコストの和が負になるサイクルが発生する場合がある．このとき，サイクルを回れば回るほどコストが小さくなるという現象がおこる．したがって，負のコストを許すことは，問題の性質を大きく変化させる．

経路

$$P : v_0, e_1, v_1, e_2, \ldots, e_m, v_m$$

に対して，

$$c(P) := \sum_{k=1}^{m} c(e_k)$$

と定義して，$P$ のコストと呼ぶ．頂点 $v$ から頂点 $w$ への経路 $P$ で，$c(P)$ を最小にするものを頂点 $v$ から頂点 $w$ への**最小コスト経路**と呼ぶ．頂点 $v$ から頂点 $w$ への**最小コスト** $c(v,w)$ を，最小コスト経路がない場合も含めて，次のように定義するのが便利である．

$$c(v,w) := \begin{cases} \infty & v \text{ から } w \text{ への経路がないとき}, \\ c(P) & \text{最小コスト経路 } P \text{ があるとき}, \\ -\infty & \text{上記以外のとき}, \end{cases}$$

最小コスト経路は，コストが時間であるとき目的地へ最短時間で到着する経路であり，コストが運賃であるとき最小料金で到着する経路である．

さて，辺 $e \in E$ に対して，$\phi_+(e)$ から $\phi_-(e)$ までの経路で，$e$ を通ら

ないものを，$e$ の迂回経路と呼ぶ．任意の $c^E \in \Re^N$ に対して，辺 $e$ の迂回経路の最小コストを $f^e(c^E)$ であらわすことにしよう．すなわち，

$$f^e(c^E) = \begin{cases} \infty & e \text{ の迂回経路 } P \text{ がないとき,} \\ c(P) & e \text{ の最小コスト迂回経路 } P \text{ があるとき,} \\ -\infty & \text{上記以外のとき,} \end{cases}$$

である．このとき，各辺 $e$ に対して，$e$ の迂回経路の最小コストは，他の辺 $e'$ のコストが上昇すれば，上昇することはあっても減少することはない．したがって，$f: c^E \mapsto (f^e(c^E))_{e \in E}$ はメッツラー関数である．第5章で示すように，迂回経路の最小コストがメッツラー関数によって与えられることは，最小コスト経路を求めるアルゴリズムを考える際には，有効な考えになっている．

## 3.7　文献ノート

すべての財が互いに粗代替であるような経済は，Hicks (1946) や Mosak (1944) によって考察された．Metzler (1945) は，粗代替性があるときは，Hicks の条件が均衡の安定性の必要十分条件になっていることを示した．メッツラーの論文集には，Metzler (1973) がある．Arrow, Block, and Hurwicz (1959) は均衡の大域的安定性を示した．Negishi (1962) は，均衡の安定性に関しての古典的なサーベイとされている．メッツラー関数によって記述される動学のその他の性質は，Monotone Dynamical Systems の枠組みで研究されており，Kamke 条件がメッツラー関数の定義に相当する[1]．

メッツラー関数ないしはメッツラー行列を拡張する試みは，Morishima

---

[1] Smith (1995) を参照せよ．

(1952, 1970)，Nikaido (1968, ch 6)，Ohyama (1972) が知られている．Morishima の行列は，添字の集合 $N$ が $N_1$, $N_2$ の 2 つのクラスに分割され，$i$, $j$ $(i \neq j)$ が同じクラスに属するときは $a_{ij} > 0$，異なるクラスに属するときは $a_{ij} < 0$ となる行列である．Nikaido の行列は，行列 $A$ の転置 $A^t$ との和 $(A^t + A)$ がメッツラー行列になるケースである．Ohyama の行列は，非負で各行の和が 1 になる行列（確率行列）B とメッツラー行列の積 $BA$ とあらわすことのできる行列である．

# 第 4 章 基礎理論

前章では，メッツラー関数の定義を与え，メッツラー関数がさまざまな分野で生じることを示した．本章では，メッツラー関数の最適化の理論を述べる．この理論は，1. 最大保障問題という問題の定式化，2. 単調アルゴリズムというアルゴリズム，3. 解の性質の分析（束および比較静学）という 3 つの柱からなる．

## 4.1 最大保障問題

メッツラー関数の最適化の理論は，最大保障問題の定式化を核とする．

**問題 11**（最大保障問題）
入力：メッツラー関数 $f: X^N \to Y^N$ と以下のもの
 　　　$N$ の分割 $(N_1, N_2)$，
 　　　基準点（終域に属する点）$a^N \in Y^N$，
 　　　$b_{\max}^N \geq b_{\min}^N$ をみたす区間を定めるベクトル $b_{\max}^N, b_{\min}^N \in X^N$，
出力：次の条件をみたす $x^N \in X^N$ の最大元
 　　　$b_{\min}^N \leq x^N \leq b_{\max}^N$,
 　　　任意の $i \in N_1$ に対して，$f^i(x^N) \geq a^i$ または $x^i = b_{\min}^i$,
 　　　任意の $i \in N_2$ に対して，$f^i(x^N) > a^i$ または $x^i = b_{\min}^i$.

次の (i), (ii), (iii) をみたすとき $x^N$ は第 $i$ 条件をみたすという．

(i) $i \in N_1$ ならば，$[\, f^i(x^N) \geq a^i$ または $x^i = b_{\min}^i \,]$,

(ii) $i \in N_2$ ならば，$[f^i(x^N) > a^i$ または $x^i = b^i_{\min}]$,

(iii) $b^i_{\max} \geq x^i \geq b^i_{\min}$.

すべての $i \in N$ について第 $i$ 条件をみたす $x^N \in X^N$ を，最大保障問題 11 の実行可能解 (feasible solution) と呼ぶ．また，同じく最大元を最適解 (optimal solution) とも呼ぶ．

のちに，第 4.2 節で，アルゴリズムの正当性とともに最大元の存在を示す．ここではアルゴリズムの議論をせずに，初等的な方法で最大元の存在を示す．

**定理 12**（最大元の存在定理）

1. 各 $X^i$ が有限のとき，最大保障問題は最大元をもつ．
2. 各 $u^i$ が上半連続で，各 $X^i$ が閉集合で，$N_2 = \emptyset$ のとき，最大保障問題は最大元をもつ．

**証明**

$b^N_{\min}$ は実行可能解であるから，実行可能解の集合は非空である．実行可能解の集合の上限を $x^N_*$ とおく．$x^N_*$ も実行可能であることを示せばよい．

いま，$x^i_* \neq b^i_{\min}$ となる任意の $i \in N$ を考えよう．この $x^N_*$ が第 $i$ 条件がみたすことを示せばよい．

$X^N$ が有限であるとき　$x^i_* = y^i$ となる実行可能解 $y^N$ が存在する．上限の定義とメッツラー関数の性質より，

$$f^i(x^i_*, y^{N\setminus\{i\}}) \leq f^i(x^i_*, x^{N\setminus\{i\}}_*)$$

であるから，$x^N_*$ も第 $i$ 条件をみたす．

各 $X^i$ が閉集合，$f^i$ が上半連続，$N_2 = \emptyset$ のとき 上限の定義より，$x_k^i > b_{\min}^i$ かつ $x_k^i \to x_*^i\ (k \to \infty)$ となる実行可能解の列 $(x_k^N)_{k \in \mathbb{N}}$ がある．上限の定義より，$x_k^{N \setminus \{i\}} \le x_*^{N \setminus \{i\}}$ である．メッツラー関数の定義および実行可能解の定義より，任意の $k \in \mathbb{N}$ について，

$$a^i \le f^i(x_k^N) \le f^i(x_k^i, x_*^{N \setminus \{i\}})$$

である．上半連続性より，$f^i(x_*^N) < a^i$ ならば，十分大きな $k$ に対して $f^i(x_k^i, x_*^{N \setminus \{i\}}) < a^i$ となって矛盾が生じる．したがって，

$$a^i \le f^i(x_*^N)$$

となって，$x_*^N$ も第 $i$ 条件をみたす． □

最大保障問題の定式化は，本書でも紹介する懲罰優位条件をみたすゲームの分析の際に自然に生じた (Masuzawa, 2008)．目的関数がベクトル値 $x^N$ で，その極大元を求める点で，多目的計画問題としてとらえることもできる．ただし，目的関数は，どのような問題例にも共通である．

関数 $f^i$ が連続で定義域 $X^i$ が実数の閉区間であるとき，最大元 $x_*^N$ は，以下の条件つきの等号を成立させる．

$$b_{\max}^i > x_*^i > b_{\min}^i \text{ ならば，} f^i(x_*^N) = a^i.$$

実際，実行可能解 $x^N$ について，$f^i(x^N) > a^i$ かつ $b_{\max}^i > x^i > b_{\min}^i$ であれば，各 $j \in N$ に対して第 $j$ 条件をみたしたまま，$x^i$ をわずかに上昇させることができるので，$x^N$ は最大元にはならない．したがって，最大保障問題は，ある種の方程式の解をもとめることにつながる．

とくに，$f$ が何らかの連続微分可能な関数 $v : \mathfrak{R}^N \to \mathfrak{R}$ の連続な導関数

$$f(x^N) := \left( \frac{\partial v}{\partial x^i}(x^N) \right)_{i \in N}$$

であり，$a^N := 0^N$ であったとすると，最大元は閉区間 $[b_{\min}^N, b_{\max}^N]$ で極大値を与えるための一階の条件をみたす．実際，最大元 $x_*^N$ は，

$x^i = b_{\max}^i$ のときは，$f^i(x_*^N) \geq 0$,

$b_{\min}^i < x^i < b_{\max}^i$ のときは，$f^i(x_*^N) = 0$,

$x^i = b_{\min}^i$ のときは，$f^i(x_*^N) \leq 0$,

をみたすことがわかる．第6章でくわしく議論するように，メッツラー関数の原始関数 $v$ は優モジュラー関数と呼ばれる．最大保障問題は，微分可能な優モジュラー関数の極大値を求める手がかりを与える．

## 4.2　アルゴリズム

次に，最大保障問題を解くためのアルゴリズムを与える．このアルゴリズムは，$X^N$ が有限個の元からなるときも，無限個の元からなるときも適用可能である．アルゴリズムは，解の候補を更新していくタイプのもので，更新関数 $d^N : X^N \to X^N$ の選び方の分だけ，自由度がある．ただし，更新関数 $d^N$ は，次の条件をすべてみたすと仮定する．

**D1**　任意の $i \in N$ と，任意の $x^N \in X^N$ に対し，$x^i \geq d^i(x^N)$ である．

**D2**　任意の $i \in N$ に対して，$[x^N$ が第 $i$ 条件をみたすとき，かつそのときにかぎり，$x^i = d^i(x^N)$ である．$]$

**D3**　$d^N : X^N \to \Re^N$ は単調非減少である．すなわち

$$x^N \geq y^N \text{ ならば，} d^N(x^N) \geq d^N(y^N).$$

**D4**　$x_k^N \geq x_{k+1}^N$ となる点列 $(x_k^N)_{k \in \mathbb{T}}$ に対して

$$d^N(\lim_{k \to \infty} x_k^N) = \lim_{k \to \infty} d^N(x_k^N).$$

条件 D1 および D2 より，更新関数は，与えられた $x^N \in X^N$ に対して，第 $i$ 条件をみたさないときにかぎり，$x^i$ をうまく減少させる関数である．条件 D4 は右からの連続性の条件である．

更新関数の構成を保証するのは次の定理である．

### 定理 13（更新関数の存在定理）

1. すべての $i \in N$ に対して $X^i$ が有限であるとき，D1–4 をみたす更新関数 $d^N$ が存在する．
2. $N_2 = \emptyset$ かつ，すべての $i \in N$ に対して，$X^i \subset \tilde{\mathfrak{R}}$ が閉集合で，$f$ が上半連続であるとき，D1–4 をみたす更新関数 $d^N$ が存在する．

**1. の証明**

$d^N : X^N \to X^N$ を次のように定義する．

$$d^i(x^N) := \begin{cases} x^i & x^N \text{ が第 } i \text{ 条件をみたすとき，} \\ \max\{y^i \in X^i : x^i > y^i\} & \text{上記以外のとき．} \end{cases}$$

$d^N$ が D1–4 をみたすことはあきらかである． □

**2. の証明**

まず，第 $i$ 条件をみたす $x^N \in X^N$ の全体は，閉集合であることを示す．$x_*^N$ に収束する列 $(x_k^N)_{k \in \mathbb{N}}$ の各 $x_k^N$ が第 $i$ 条件をみたすとしよう．$f^i(x_*^N) < a^i$ であるとすると，十分大きな $k$ に対しては，上半連続性より $f^i(x_k^N) < a^i$ であるから，第 $i$ 条件より $x_k^i = b_{\min}^i$ となって $x_*^i = b_{\min}^i$ となる．したがって，$x_*^N$ も第 $i$ 条件をみたす．

次のように $d^i$ を定義する．

$$d^i(x^N) := \sup\{y^i : x^i \geq y^i \text{ かつ } (x^{N \setminus \{i\}}, y^i) \text{ は } i \text{ 条件をみたす．}\}.$$

このとき，$d^N$ が，D1 をみたすことは自明である．第 $i$ 条件をみたす $x^N \in X^N$ の全体が閉集合であることより，

$$\{y^i : x^i \geq y^i \text{ かつ } (x^{N\setminus\{i\}}, y^i) \text{ は } i \text{ 条件をみたす．}\}$$

も閉集合であることが導かれ，D2 をみたすこともわかる．

さらに，$f^N$ がメッツラー関数であることより，$(z^i, y^{N\setminus\{i\}})$ が第 $i$ 条件をみたし，かつ $x^{N\setminus\{i\}} \geq y^{N\setminus\{i\}}$ ならば，$(z^i, x^{N\setminus\{i\}})$ は第 $i$ 条件をみたす．したがって，D3 が成立する．

**D4 をみたすこと** $x_k^N \geq x_{k+1}^N$ となる点列 $(x_k^N)_{k\in\mathbb{T}}$ を任意に選び，

$$x_*^N := \lim_{k\to\infty} x_k^N \text{ かつ } d_*^N := \lim_{k\to\infty} d^N(x_k^N)$$

としよう．すでに示された D3 より，$d_*^N$ の定義も正当である．まず，$x_k^N \geq x_*^N$ であるので $d_*^N \geq d^N(x_*^N)$ である．

残る逆側の不等式 $d_*^N \leq d^N(x_*^N)$ を示そう．$d^i$ の定義のしかたより，$(x_k^{N\setminus\{i\}}, d^i(x_k^N))$ は第 $i$ 条件をみたす．第 $i$ 条件をみたす元全体は閉集合をなすから，収束先である $(x_*^{N\setminus\{i\}}, d_*^i)$ も第 $i$ 条件をみたす．したがって，$d^i$ の定義より，$d_*^i \leq d^i(x_*^N)$ となる． □

最大保障問題を解くアルゴリズムは以下のものである．

**アルゴリズム 14**（単調アルゴリズム　Masuzawa, 2008）
1. $x^i := b_{\max}^i$ for all $i \in N$;
2. $S := \{i \in N : x^N \text{ は第 } i \text{ 条件をみたさない．}\}$;
3. **If** $S = \emptyset$, **then stop**;
4. $x^i := d^i(x^N)$ for all $i \in S$;
5. **Jump to** 2.

**定理 15**（単調アルゴリズムの正当性）

関数 $d^N : X^N \to X^N$ が D1–4 をみたすとき，単調アルゴリズム（ア

ルゴリズム 14) において，$x^N$ は 最大保障問題（問題 11）の最適解 $x^{*N}$ に収束する．

**証明**

ステップ 2 を $k$ 回目に実行した直後での $x^N$ と $S$ の値をそれぞれ $x_k^N$ および $S_k$ とおく．

まず，どのような実行可能解 $y^N$ に対しても，アルゴリズムが実行されるあいだ，つねに $x^N \geq y^N$ が保たれていることを，ステップ 2 を実行した回数に関する帰納法で証明する．
ステップ 2 をはじめて実行した直後で $x^N \geq y^N$ が保たれているのはあきらかである．

次にステップ 2 を $k$ 回目に実行した直後で，$x^N = x_k^N \geq y^N$ であったとすると，任意の $i \in S_k$ に対し

$$f^i(x_k^{N\setminus\{i\}}, y^i) \geq f^i(y^N)$$

であるから，$(x_k^{N\setminus\{i\}}, y^i)$ は第 $i$ 条件をみたす．したがって，D2 および D3 より，

$$y^i = d^i(x_k^{N\setminus\{i\}}, y^i) \leq d^i(x_k^N) = x_{k+1}^i$$

であるから，つねに $x^N \geq y^N$ が保たれている．

次に，$x^N$ がある実行可能解に収束することを示す．D1，D2 およびステップ 2, 4 より，

$$x_{k+1}^N = d^N(x_k^N) \leq x_k^N,$$

である．したがって，$x^{*N} = \lim_{k\to\infty} x_k^N$ となる $x^{*N}$ が存在する．さらに，D4 および $x_{k+1}^N = d^N(x_k^N)$ より，

$$x^{*i} = \lim_{k\to\infty} x_k^i = \lim_{k\to\infty} d^i(x_k^N) = d^i(x^{*N})$$

である.D2 より,$x^{*N}$ は第 $i$ 条件をみたす. □

一方,$X^N$ が有限のとき,当然有限のステップで正しい解にたどり着く.

**定理 16**(有限の場合の単調アルゴリズムの正当性 **Masuzawa, 2008**)
任意の $i \in N$ について $X^i$ は有限集合であり,$d: X^N \to X^N$ は D1–3 をみたすとしよう.このとき単調アルゴリズム(アルゴリズム 14)は,$x^N$ の値を最大保障問題(問題 11)の最大元 $x^{*N}$ にした状態で停止する.アルゴリズムが停止するまでの,$f$ や $d^i$ の関数評価,値の比較,その他計算の基本的な操作数の総和は,$(|N| \cdot \sum_{i \in N} X^i)$ に比例する数で抑えることができる.

## 4.3　実行可能解のなす束

前節で述べた $d: X^N \to X^N$ は,

**D2**　任意の $i \in N$ に対して,[$x^N$ が第 $i$ 条件をみたすとき,かつそのときにかぎり,$x^i = d^i(x^N)$ である.]

**D3**　$x^N \geq y^N$ ならば,$d^N(x^N) \geq d^N(y^N)$.

をみたすように構成された.D2 は,最大保障問題の実行可能解が,関数 $d^N: X^N \to X^N$ の不動点になることを示している.D3 は関数 $d^N: X^N \to X^N$ の単調非減少性である.一方,完備束上の単調非減少関数の不動点に関しては次の定理が知られている.

**命題 17**(クナスター=タルスキの不動点定理)
完備束上の単調非減少関数の不動点全体は,非空な完備束をなす.

したがって,最大保障問題の実行可能解は,非空な完備束をなす.単調アルゴリズムは,この完備束の最大元を求めているわけである.一

方，この完備束の最小元は，$(b^i_{\min})_{i \in N}$ である．さらに，この完備束の形について言及しよう．

**命題 18**

$x^N$ および $y^N$ が最大保障問題（問題 11）の実行可能解であれば，$(x^N \vee y^N)$ も実行可能解である．

**証明**

$x^N$ および $y^N$ が最大保障問題の実行可能解とする．

$$S := \{i \in N : x^i = \max\{x^i, y^i\}\}$$

とする．任意の $i \in S$ に対して，

$$f^i(x^N) = f^i(x^i, x^{S\setminus\{i\}}, x^{N\setminus S}) \leq f^i(x^i, x^{S\setminus\{i\}}, y^{N\setminus S})$$

$$= f^i(x^N \vee y^N).$$

ゆえに，$x^N \vee y^N$ は，任意の $i \in S$ に対して，第 $i$ 条件をみたす．一方，任意の $j \in N \setminus S$ に対して，

$$f^j(y^N) = f^j(y^j, y^{N\setminus(S\cup\{j\})}, y^S) \leq f^j(y^j, y^{N\setminus(S\cup\{j\})}, x^S)$$

$$= f^j(x^N \vee y^N).$$

ゆえに，$x^N \vee y^N$ は，任意の $j \in N \setminus S$ に対して，第 $j$ 条件をみたす．□

したがって，実行可能解のなす完備束では，ペア $\{x^N, y^N\}$ に対する上限は，$(x^N \vee y^N)$ である．

一方，$x^N$ および $y^N$ が実行可能解であれば，$(x^N \wedge y^N)$ は実行可能解になるであろうか．その結果は否定的である．

**例 19**（$(x^N \wedge y^N)$ が実行可能にならない例）

$N = \{1, 2\}$, $X^i = \{0, 1, 2\}$, $f^i(x^N) := \max\{x^j : j \in N\}$ と定義する．第 $i$ 条件を，

$2 \geq x^i \geq 0$ かつ, $f^i(x^N) \geq 2$ または $x^i = 0$,
とする最大保障問題に対して, $x^N = (1,2)$ および $y^N = (2,1)$ は実行可能であるが, $z^N = (x^N \wedge y^N) = (1,1)$ は実行可能ではない.

実行可能解のなす完備束の中でのペア $\{x^N, y^N\}$ に対する下界の最大元は, $b_{\max}^N$ を $(x^N \wedge y^N)$ に変更した最大保障問題の解である.

## 4.4 比較静学分析

一般に, 最適化問題の入力を変化させたとき, 出力がどのように変化するかを調べることを比較静学分析と呼ぶ.

最大保障問題は, 目的関数を特徴づけるパラメーターをもたず, すべてのパラメーターは制約条件を特徴づけている. 最大保障問題の最大元は, 制約条件をみたすものの中での最大元である. したがって, 制約条件が強まると, 実行可能解の集合が弱い意味で減少し, 最大元も弱い意味で減少するという単純な結果を得ることができる.

**定理 20**(比較静学定理)
次のリストで指定される 2 つの最大保障問題

$$\mathcal{P} = (f^* : X^{*N} \to Y^N, a^{*N}, b_{\max}^{*N}, b_{\min}^{*N}, N_1, N_2)$$
$$\mathcal{Q} = (f_* : X_*^N \to Y^N, a_*^N, b_{*\max}^N, b_{*\min}^N, N_1, N_2)$$

が下の条件すべてをみたすとしよう.

1. $a^{*N} \leq a_*^N$,
2. 任意の $i \in N$ に対して, $X^{*i} \supset X_*^i$,
3. 任意の $x^N \in X_*^N$ に対して, $f^*(x^N) \geq f_*(x^N)$,
4. $b_{\max}^{*N} \geq b_{*\max}^N$,
5. $b_{\min}^{*N} \geq b_{*\min}^N$.

このとき，それぞれ最大元を，$z^{*N}, z_*^N$ としたとき，$z^{*N} \geq z_*^N$ である．

**証明**

任意の $i \in N$ に対して，

$$y^i := \max\{z_*^i, b_{\min}^{*N}\}$$

とおくと，$y^N = (y^i)_{i \in N}$ は，$\mathcal{P}$ の実行可能解になる．最大元の定義と，$z^N$ の定め方より，

$$z^{*N} \geq y^N \geq z_*^N$$

が導かれる． □

上の定理で注意すべきは $b_{\min}^N$ に関する最後の条件である．実際，$\mathcal{P}$ から $\mathcal{Q}$ へのその他の変化は実行可能解の集合を狭めるが，$b_{\min}^N$ の減少は実行可能解を減らすわけではない．

## 4.5 線形の理論

関数 $f : \Re^N \to \Re^N$ が線形であるとき，適当な行列 $A = (a_{ij})_{i,j \in N}$ によって $f(x^N) = Ax^N$ となる．このとき $f(x^N) = Ax^N$ がメッツラー関数であるための必要十分条件は，任意の $i, j \in N$ に対して，

$$i \neq j \text{ ならば, } a_{ij} \geq 0$$

であることである．

**定義 21**（メッツラー行列，Z 行列）

$A = (a_{ij})_{i,j \in N}$ は，次の条件をみたすとき広義メッツラー行列と呼ぶ．

$$i \neq j \text{ ならば, } a_{ij} \geq 0$$

$A = (a_{ij})_{i,j \in N}$ は，次の条件をみたすとき $Z$ 行列と呼ぶ．

$$i \neq j \text{ ならば，} a_{ij} \leq 0$$

ここでは，以下で定義される，強可解性について，議論しよう．

**定義 22（強可解性）**
行列 $A$ が強可解性をもつとは，任意の非負の縦ベクトル $c$ に対して，$Ax = c$ をみたす非負の縦ベクトル $x$ が存在することをいう．

$Z$ 行列の強可解性は，弱可解性と同値であることがよく知られている．これを，最大保障問題の観点から示すことができる．

**定義 23（弱可解性）**
行列 $A$ が弱可解性をもつとは，$Ax$ が正の縦ベクトルになるような非負の縦ベクトル $x$ が存在することをいう．

**定理 24（弱可解性と強可解性の同値性）**
$Z$ 行列 $A$ が強可解性をもつための必要十分条件は，$A$ が弱可解性を持つことである．

**証明**
必要性はあきらかであるので十分性を示す．$c$ を任意の非負縦ベクトルとする．弱可解であるとき，$Ab = d, d \gg 0, b \geq 0, b \neq 0$ をみたす $b$ および $d$ が存在する．さらに，$b, d$ を正の定数倍することによって，$d \geq c$ とすることができる．いま，最大保障問題

$$Ax \leq c, b \geq x \geq 0$$

を考え，その最大元を $x^*$ としよう．最大元は必ず存在することに注意しよう．このとき $\sum_{k \in N} a_{jk} x^{*k} < c^j$ となる $j$ が存在しないことが，

次のようにわかる．そのような $j$ が存在したとしよう．このとき，

$$\sum_{k \in N} a_{jk} x^{*k} < c^j \leq d^j = \sum_{k \in N} a_{jk} b^k \leq a_{jj} b^j + \sum_{k \in N \setminus \{j\}} a_{jk} x^{*k}$$

となるから，$x^{*j} \neq b^j$ である．最後の不等号は，$k \neq j$ に対して，$x^{*k} \leq b^k$，$a_{jk} \leq 0$ となることによる．ゆえに，任意の $i \in N$ に対して $(Ax^*)^i \leq c^i$ を保ったまま，$x^{*j} < b^j$ をわずかに上昇させることができる．これは $x^*$ が最大元であることに矛盾する．したがって，$Ax^* = c$ である．□

Z行列が強可解性をもつための必要十分条件は，詳しく研究されてきた．ホーキンス=サイモン条件もそのひとつであり，これは市場均衡の安定性の文脈で議論されたヒックス条件と同じものである．強可解性のその他のさまざまな同値な条件については，Plemmons (1977) が周到に議論している．強可解性をもつZ行列をミンコフスキ行列と呼ぶ．

Cottle and Veinotee (1972) は，行列 $M$ がミンコフスキ行列であるとき，次のような線形相補性問題に最小元が存在することを主張している．

## 問題 25

入力 $x \in \Re^{1 \times m}, M \in \Re^{m \times n}, q \in \Re^{m \times 1}$
出力 $x \geq 0, Mx + q \geq 0, x^t(Mx + q) = 0$ をみたす $x \in \Re^{n \times 1}$

実際，この線形相補性問題の解の最小元は，任意の $i \in N$ に対して $(Mx + q)^i \geq 0$ または $x^i = \infty$ となる $x^N$ の最小元である．ミンコフスキ行列ではなくZ行列に拡張する場合には，線形相補性問題に解がなくなる可能性がある．Tamir (1974) は，行列 $M$ を一般の非線形のメッツラー関数に拡張して，相補性問題の解を求めるアルゴリズムを提案している．

非負行列 $A$ と単位行列 $E$ と実数 $\lambda$ に対して，$(\lambda E - A)$ はZ行列になる．$(\lambda E - A)$ が，強可解条件をみたすような $\lambda$ の下限が，いわゆる

フロベニウス根である．フロベニウス根は絶対値が最大となる固有値であり，非負ベクトルを固有ベクトルにもつ．メッツラー行列や Z 行列は，非負行列論という枠組みの中で研究がなされてきた．非負行列論は，二階堂 (1960) および二階堂 (1961) が詳しいが，年が新しいものには，Bapat and Raghavan (1997) がある．

# 第 5 章　応用

本章では，最大保障問題と単調アルゴリズムの応用例を紹介する．ここで強調したいのは，多様な問題と，それを解くアルゴリズムが統一的な観点から整理されるという点である．

## 5.1　懲罰優位関係をもつゲーム

懲罰優位関係をもつゲームとは，非対角単調関数によって記述された戦略型ゲームであり，Masuzawa (2003) によって導入された．第 3 章で与えた寡占市場モデルや公共財の供給モデルは，その一例である．

戦略型ゲームは，関数 $u^N : X^N \to \Re^N$ で表現される．ここで，添字に集合 $N$ はプレーヤーの集合をあらわし，第 $i$ 変数 $x^i \in X^i$ は，プレーヤー $i \in N$ の選ぶ戦略をあらわす．関数値の第 $i$ 座標 $u^i(x^N)$ は，各プレーヤー $j \in N$ が $x^j$ をえらんだ際，$x^N = (x^j)_{j \in N}$ によってもたらされるプレーヤー $i$ の最終的な利得をあらわす．与えられた利得ベクトル $a^N \in \Re^N$ に対して，プレーヤーの提携 $S \subset N$ $(S \neq \emptyset)$ と戦略 $x^S \in X^S$ があって，どのような $x^{N \setminus S} \in X^{N \setminus S}$ に対しても，

$$u^S(x^S, x^{N \setminus S}) \gg a^S$$

となるとき，提携 $S$ は自分たちの利得 $a^S$ を戦略 $x^S$ によって改善できるという．すなわち，$x^S$ という行動を選択できるという実力をもって，提携外のメンバーの同意なく，$(a^i)_{i \in S}$ よりも高い利得を獲得できるということである．

利得を与える関数

$$u^N : X^N \to \Re^N, \quad x^N \mapsto (u^i(x^N))_{i \in N}$$

が非対角単調であるとき，ゲームは**懲罰優位関係**をもつという．以下，$u^N$ がメッツラー関数であることを仮定する．各 $X^i$ が有界な閉集合であるとき，$\min X^i$ が存在する．このとき，$m^i := \min X^i$ を**優位懲罰戦略**と呼ぶ．優位懲罰戦略は，自分以外のプレーヤーの利得を，どんなときにも最悪にする戦略である．一般に，任意の $i \in S$ に対して，

$$u^i(x^S, x^{N\setminus S}) \geq u^i(x^S, m^{N\setminus S})$$

となるから，提携 $S$ が利得 $a^S$ を戦略 $x^S$ によって改善できるための必要十分条件は，端的に

$$u^S(x^S, m^{N\setminus S}) \gg a^S$$

と書ける．

メッツラー関数 $u^N : X^N \to \Re^N$ と $a^N \in \Re^N$ に対して，すべての $i \in N$ について次の条件をみたす $x^N \in X^N$ の最大元を考えよう．

$u^i(x^N) > a^i$ または $x^i = \min X^i$．

この最大保障問題は，関数値に関する条件が等号を含まない不等式で表現されていることに注意が必要である．定理 12 より，$X^i$ が有限集合のとき，最大元の存在は保証されている．

この問題の実行可能解 $x^N$ に対して，

$$S := \{i \in N : u^i(x^N) > a^i\}$$

とおくと，$j \in N \setminus S$ であれば，$x^j = \min X^j$ となる．したがって，このとき，$S$ は利得 $a^N$ を戦略 $x^S$ によって改善できることがわかる．

さらに，$x^N$ が最大元であるとき，$S := \{i \in N : u^i(x^N) > a^i\}$ は最大化されている．すなわち，$x^N$ を最大元，$y^N$ を別の実行可能解としたとき，$u^i(y^N) > a^i$ であれば $u^i(x^N) > a^i$ である．実際，第一に，

$x^i > \min X^i$ であれば，ただちに $u^i(x^N) > a^i$ である．一方，$u^i(y^N) > a^i$ かつ $x^i = \min X^i$ であれば，最大元の定義より，$x^i = y^i = \min X^i$ となるから，

$$u^i(x^N) \geq u^i(x^i, y^{N\setminus\{i\}}) = u^i(y^N) > a^i$$

となる．

したがって，最大保障問題は，$a^N$ を改善できるような最大の提携 $S$ と戦略 $x^S$ を与える．「最大」の定義より，もし $S = \emptyset$ となれば，$a^N$ を改善できる提携は存在しない．

$X^i$ が有限であるとき，単調アルゴリズムは，与えられた $a^N$ に対して，それを改善できる最大の提携 $S$ と戦略 $x^S$ を見つける．書き下すと次のようになる．

### アルゴリズム 26（**Masuzawa, 2008**）

1. $x^i := \max X^i$ **for all** $i \in N$;
2. $S := \{i \in N : x^N$ は第 $i$ 条件をみたさない．$\}$;
3. **If** $S = \emptyset$, **then stop**;
4. $x^i := \max\{x^i \in X^i : x^i > x^i\}$ **for all** $i \in S$;
5. **Jump to** 2.

どのような提携にも改善されず，かつ実現可能な利得ベクトルの集合は，$\alpha$-コアと呼ぶ．この単調アルゴリズムは，与えられた利得ベクトルが，$\alpha$-コアに属するか否かを決定する．Masuzawa (2008) ではこの単調アルゴリズムを繰り返し使うことによって，$\alpha$-コアに属するベクトルを見つけ出す方法を与えている．

## 5.2 粗代替経済の競争均衡

### 5.2.1 存在定理の証明

第3.2節で議論したように,正の価格ベクトル $p^N = (p^i)_{i \in N} \in \Re_{++}^N$ に対して,各財 $i \in N$ の超過需要を $Z^i(p^N)$ としよう.すべての財の超過需要が0または負になるような価格を競争均衡価格と呼ぶ.すなわち,**競争均衡価格**とは次のような条件をみたす価格 $p^N \in \Re_{++}^N$ である.

$$\text{各 } i \in N \text{ に対して } Z^i(p^N) \leq 0.$$

第3.2節で議論したように,超過需要関数 $p^N \mapsto (Z^i(p^N))_{i \in N}$ がメッツラー関数になるとき,経済は弱い粗代替性をみたすという.ここでは,弱い粗代替性があるとき,均衡価格の存在定理およびアルゴリズムを,最大保証問題の観点から導く.

われわれは,次の仮定をおく.

**弱いワルラス法則** どのような正の価格 $p^N \in \Re_{++}^N$ に対しても,

$$\sum_{i \in N} p^i \cdot Z^i(p^N) \leq 0.$$

**連続性** $Z : \Re_{++}^N \to \Re^N$ は連続である.

**境界条件** $S := \{i \in N : p_*^i = 0\}$ としたとき,$\emptyset \neq S \neq N$ となるような $p_*^N \in \Re_+^N \setminus \Re_{++}^N$ に対して,$\lim_{p^N \to p_*^N} \max_{i \in N} Z^i(p^N) = \infty$.

### 定理 27

弱い粗代替性,弱いワルラス法則,連続性,および境界条件をみたすとき,$Z : \Re_{++}^N \to \Re^N$ は均衡価格をもつ.

**証明**

$b^N \gg 0^N$ と $0 < \epsilon < \min\{b^i : i \in N\}$ を任意に選ぶ.弱い粗代替性と連

第5章 応用

続性より，次の条件をみたすような $p^N \in [\epsilon, b^i]^N$ の最大元 $p^N_\epsilon$ が存在する．

$$\text{すべての } i \in N \text{ に対し，} Z^i(p^N) \geq 0 \text{ または } p^i = \epsilon.$$

十分小さい $\epsilon > 0$ に対して，$p^N_\epsilon$ が均衡価格であることを示す．定理 20 より，$\epsilon_1 > \epsilon_2$ とすれば，$p^N_{\epsilon_1} \geq p^N_{\epsilon_2}$ である．したがって，$\epsilon \to 0$ のときの極限 $p^N_*$ が存在する．

まず，$S_\epsilon := \{i : p^i_\epsilon = \epsilon\} = \emptyset$ であれば，弱いワルラス法則より，$p^N_\epsilon$ が競争均衡価格である．このとき，$\epsilon > \epsilon' > 0$ ならば，$p^N_{\epsilon'} = p^N_\epsilon$ となり，$p^N_{\epsilon'}$ も競争均衡価格である．

また，$T_\epsilon := \{i : p^i_\epsilon = b^i\} = \emptyset$ であれば，$p^N_{\epsilon'}$ ($\epsilon \geq \epsilon' > 0$) が競争均衡価格である．実際，$p^i_\epsilon < b^i$ かつ $Z^i(p^N_\epsilon) > 0$ であるとすると，弱い粗代替性と連続性より，すべての $j \in N$ に対して第 $j$ 条件をみたしたまま $p^i$ をわずかに上昇させることができるので，最大元の定義に矛盾する．

したがって，どのような $\epsilon > 0$ に対しても，$T_\epsilon \neq \emptyset$ かつ $S_\epsilon \neq \emptyset$ であるとして矛盾を導けば証明が終了する．このとき，

$$p^N_* \neq 0 \text{ かつ，} S_* := \{i \in N : p^i_* = 0\} \neq \emptyset \text{ である．}$$

境界条件より，$\lim_{p^N \to p^N_*} \max_{i \in N} Z^i(p^N) = \infty$ である．しかし，どのような $i \in T_* := \{i \in N : p^i_* = b^i\}$ に対しても，弱い粗代替性より，$Z^i(p^N_\epsilon) = Z^i(b^i, p^{N \setminus \{i\}}_\epsilon)$ は $\epsilon$ が減少するとき非増加であり，

どのような $i \in N \setminus T_*$ についても，十分小さい $\epsilon > 0$ に対しては，

$$p^i_\epsilon < b^i \text{ かつ } Z^i(p^N_\epsilon) \leq 0.$$

したがって，$\lim_{p^N \to p^N_*} \max_{i \in N} Z^i(p^N) = \infty$ とはならず，矛盾する．□

上記の証明より，十分小さい $\epsilon > 0$ に対して，$p^N_\epsilon$ が競争均衡価格となることがわかる．ここでは，以下の強いワルラス法則を仮定して，$\epsilon > 0$ によらないで競争均衡価格を特徴づけることを考えよう．

**強いワルラス法則**　どのような正の価格 $p^N \in \Re^N_{++}$ に対しても，

$$\sum_{i \in N} p^i \cdot Z^i(p^N) = 0.$$

強いワルラス法則を仮定すると，競争均衡価格 $p^N$ は，任意の $i \in N$ に対して，$Z^i(p^N) = 0$ をみたす．定理27の証明より，十分小さな $\epsilon > 0$ に対して，$p^N_\epsilon$ が，この条件をみたす．任意の $i \in N$ について $Z^i(p^N_\epsilon) = 0$ であるとすれば，$\epsilon' \in (0, \epsilon]$ に対して，$p^N_{\epsilon'}$ の定義より，$p^N_\epsilon = p^N_{\epsilon'}$ である．したがって，十分小さな $\epsilon' > 0$ に対しては，$p^i_{\epsilon'} > \epsilon'$ がすべての $i \in N$ について成立しているので，競争均衡価格は次のアルゴリズムで導くことができる．

**アルゴリズム 28**（均衡価格アルゴリズム）
1. for all $i \in N$, $p^i := b^i$;
2. for all $i \in N$,
   $p^i := \max\{p^i \in \Re_+ : Z^i(p^{N \setminus \{i\}}, p^i) \geq 0$ かつ $p^i \leq \bar{p}^i\}$;
3. **Jump to** 2.

このアルゴリズムは，正の超過供給が発生した財の価格を減少させ，正の超過需要が発生した財の価格は据え置くアルゴリズムである．

粗代替経済の均衡の存在が，特殊な方法によって示せることは，Kuga (1965) によってあきらかにされ，Nikaido (1968), Greenberg (1977) などによって検討されてきた．いずれも，何らかの特性関数の最小化問題に持ち込むものである．Frayssé (2009) は次元に関する帰納法を用いて，顕示選好の弱公理を仮定した場合にも適用できる短い証明を示している．本書の証明は，直接的に超過需要関数を扱う点および価格調整プロセスとのつながりが明瞭である点の2点でこれまでの証明方法と異なる．

## 5.2.2 ヒックスの比較静学

 最大保障問題とは直接の関係をもたないが，粗代替経済の古典的な話題である Hicks の比較静学法則について，議論をしておく．これは，均衡ではない価格で，ただ1つの財のみが正の超過需要をもち，別のただ1つの財のみが，正の超過供給をもつ状況が観察されたときの，当該価格と均衡価格の比較を行うものである．非負の価格の範囲で，微分概念を用いない命題の証明は，Morishima (1964) によって示されたが，いくつかの補題を利用したものである．ここでは，価格を正にかぎった場合，メッツラー関数の性質を利用し，単純な証明を示す．

**0次同次性** どのような正の価格 $p^N \in \Re_{++}^N$ と正の実数 $t > 0$ に対しても，

$$Z^i(t \cdot p^N) = Z^i(p^N).$$

**分解不能性** どのような2つの正の価格 $p^N, q^N \in \Re_{++}^N$ に対しても，$p^N \geq q^N, p^N \neq q^N$，かつ $\{j \in N : p^j = q^j\} \neq \emptyset$ ならば，次のような $i \in N$ が存在する．すなわち，$p^i = q^i$ かつ $Z^i(p^N) > Z^i(q^N)$.

### 定理 29（ヒックスの法則　Morishima, 1964）

 1つの価格 $p^N \gg 0$ に対して，$Z^i(p^N) > 0, Z^j(p^N) < 0$，かつどのような $k \in N \setminus \{i,j\}$ に対しても，$Z^k(p^N) = 0$ であるとしよう．また，$q^N \gg 0$ を任意の均衡価格し，任意の $k \in N$ に対して，$q^k = s^k p^k$ となるように $(s^k)_k \in \Re^N$ を定めよう．

 このとき，0次同次性，弱い粗代替性，強いワルラス法則が成立するならば，$s^i > s^j$ である（第一法則）．

 さらに，分解不能性が成立するならば，任意の $k \in N$ に対して，$s^i \geq s^k$ であり（第二法則），かつ任意の $k \in N$ に対して，$s^k \geq s^j$ である（第三法則）．

### 第一法則の証明

$s^i \leq s^j$ として矛盾を導く.すべての $k \in N$ に対して,$q_*^k := \max\{q^k, s^i p^k\}$ とおく.任意の $k \in N$ に対し,$Z^k(q_*^N) \geq 0$ であることを示そう.実際,$q^N$ は均衡価格であるから,強いワルラス法則と粗代替性より $q_*^k = q^k$ ならば,$0 = Z^k(q^N) \leq Z^k(q_*^N)$ である.とくに,$q^j = s^j p^j \geq s^i p^j$ であるから,$0 = Z^j(q^N) \leq Z^j(q_*^N)$ である.一方,$q_*^k = s^i p^k$ かつ $k \neq j$ ならば,0次同次性と粗代替性より,$0 \leq Z^k(s^i p^N) \leq Z^k(q_*^N)$ である.しかし,$0 < Z^i(p^N) = Z^i(s^i p^N) \leq Z^i(q_*^N)$ であるから,強いワルラス法則に矛盾する.  □

### 第二法則の証明

$t := \max\{s^k : k \in N\}$ としよう.このとき,$tp^N \neq q^N$,$tp^N \geq q^N$,および $S := \{k \in N : q^k = tp^k\} \neq \emptyset$ となる.$i \in S$ であることを示す.かりに,$i \notin S$ であれば,分解不能性より,次のような $k \in S$ が存在して $0 \geq Z^k(tp^N) > Z^k(q^N)$ となって,強いワルラス法則と均衡の定義に矛盾する.  □

### 第三法則の証明

$u := \min\{s^k : k \in N\}$ としよう.このとき,$up^N \leq q^N$ かつ $T := \{k \in N : uq^k = p^k\} \neq \emptyset$ となる.$j \in T$ であることを示す.かりに,$j \notin T$ であれば,分解不能性より,次のような $k \in T$ が存在して $0 = Z^k(q^N) > Z^k(up^N)$ となって,価格 $p^N$ の定義に矛盾する.  □

## 5.3 最短経路問題

### 5.3.1 最小コスト経路

最短経路問題とは,部分的な経路(辺)に対してコストが決まっているとき,目的地までの経路で全体のコストを最小にするものを求め

る問題である．第3.6節での定義を繰り返すと，頂点 $v$ から頂点 $w$ への最小コスト $c(v,w)$ は，最小コスト経路がない場合も含めて，次のように定義される．

$$c(v,w) = \begin{cases} \infty & v \text{ から } w \text{ への経路がないとき}, \\ c(P) & \text{最小コスト経路 } P \text{ があるとき}, \\ -\infty & \text{上記以外のとき}. \end{cases}$$

ここで，最小コスト経路の性質を整理しておこう．

まず，頂点 $v$ から頂点 $w$ へ到達可能であれば，サイクルを持たない範囲では，最小コスト経路は必ず存在する．なぜなら，頂点の数が有限であるので，サイクルをもたない経路の数は有限であるからである．

一方，頂点 $v$ から頂点 $w$ へ到達可能であっても，$c(P)$ を最小にする経路があるとはかぎらない．実際，$c(Q)$ の値がマイナスになるサイクル $Q$（負のサイクル）を通って $w$ にたどり着けるとき，サイクル $Q$ を何度も繰り返すことによって，コスト $c(P)$ の値はいかようにも小さくすることができる．

### 5.3.2 最小コスト迂回路

この節の残りの部分では，最小コスト経路を効率的に求めるアルゴリズムを与える．最小コスト経路は，任意の迂回経路よりもコストが大きくない経路である．一方，第3章でみたように，各辺の迂回経路のコストはメッツラー関数で与えることができる．これらの性質をうまく利用することで，最小コスト経路は，最大保障問題で定式化することができ，さらに，その単調アルゴリズムでもとめることができる．

いま，目的地が頂点 $v^* \in V$ であるとし，各辺から $v$ への最小コスト経路を求めよう．グラフ $(E,V)$ と各辺のコスト $\bigl(c(e)\bigr)_{e \in E}$ が与えられているとしよう．各頂点 $v \in V$ に対して，$v$ から $v^*$ へ延びる辺 $e \notin E$

図 5.1　既存ネットワーク

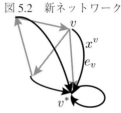
図 5.2　新ネットワーク

を 1 つずつ追加し，それぞれ $e_v$ であらわし，$e_v$ のコストを $x^v$ とする（図 5.1，図 5.2）．

　新しいネットワークでの経路 $P$ が，$x^v = \infty$ となる辺 $e_v$ を通らないとき，$P$ は**正規**であるという．新しいネットワークでの経路 $P$ のコストは $(x^v)_{v \in V}$ に依存している．新しいネットワークにおける $e_v$ の正規な迂回経路の最小コストを，$g^v(x^V)$ であらわすことにしよう．

　このとき関数 $g: (x^v)_{v \in V} \mapsto (g^v(x^V))_{v \in V}$ は，メッツラー関数になる．なぜなら，辺 $e_w$ のコスト $x^w$ が減少したとき，任意の経路のコストは減ることはあっても増えることはないからである．

　$g^v(x^V) < x^v$ であるとき，辺 $e_v$ の利用は合理的なものにはならない．別の経路を通ったほうが，コストが安くなるからである．そこで，

$$h^v(x^V) := g^v(x^V) - x^v$$

と関数 $h^v : \tilde{R} \to \tilde{R}$ を定義すれば，

$$\text{任意の } v \in V \text{ に関して，} \quad h^v(x^V) \geq 0$$

であることが，各 $x^v$ の値が利用者にとって合理的であることの定式化になる．ただし，$\infty - \infty = -\infty + \infty = 0$ と約束する．このとき，$h$ もメッツラー関数である．

　利用者にとって合理的な範囲で，各 $x^v$ をできるだけ大きく決めたとき，その値は目的地まで既存のネットワークでの最小コストと一致することがわかる．

## 定理 30 (最小コストの特徴づけ)

既存のネットワークで，$v$ から $v^*$ への最小コストを $c(v,v^*)$ とおくと，$(c(v,v^*))_{v \in V}$ は，次の条件をみたす $(x^v) \in \bar{\mathfrak{R}}^V$ の最大元である．

任意の $v \in V$ に対して，$h^v(x^V) \geq 0$ または $x^v = -\infty$．

### 証明

既存ネットワークでの $v$ から $v^*$ の最小コスト経路も，新しいネットワークでの $e_v$ の迂回経路のひとつであるから，$g^v(x^V) \leq c(v,v^*)$ である．したがって $x^v > c(v,v^*)$ のとき，$h^v(x^V) < 0$ かつ $x^v \neq -\infty$ である．したがって，$(c(v,v^*))_{v \in V}$ は実行可能解全体の上界である．一方，$x^V = (c(v,v^*))_{v \in V}$ のとき，新しいネットワークの任意の正規な経路は，同じコストでの既存のネットワークの経路で代替できるから，$g^v(x^V) \geq c(v,v^*) = x^v$ である．ゆえに，$x^V = (c(v,v^*))_{v \in V}$ は実行可能である． □

したがって最小コストを求めるには，この定理で言及されている最大保障問題を解けばよいことがわかる．しかし，関数 $h$ は複雑な形をしており，$h^v$ の関数値を計算すること自体が困難である．そこで，関数 $G^V(x^V)$ および $H^V(x^V)$ を，次のように定める．

$$G^v(x^V) := \begin{cases} \infty, & \psi_+(e) = v \text{ となる } e \in E \text{ が存在しないとき}, \\ \inf\{c(e) + x^w : \psi_+(e) = v, \psi_-(e) = w\}, & \text{上記以外のとき}, \end{cases}$$

$$H^v(x^V) := G^v(x^V) - x^v.$$

値 $c(e) + x^w$ は，$v$ から直接に経路 $e$ をたどって頂点 $w = \psi_-(e)$ を経由したあと一挙に $e_w$ を通って $v^*$ へたどり着く経路のコストになる (図 5.3)．関数 $G$ および $H$ は，メッツラー関数になる．

さて，$v^*$ へたどり着く経路が制限されているので，$h^V(x^V) \leq H^V(x^V)$

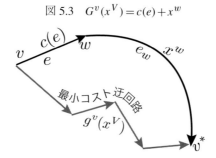

図 5.3　$G^v(x^V) = c(e) + x^w$

であることがわかる．したがって，定理 30 より，$(c(v, v^*))_{v \in V}$ は，次のような最大保障問題の実行可能解である．

$x^{v^*} \leq 0$，かつ任意の $v \in V$ について $[H^v(x^V) \geq 0$，または $x^v = -\infty]$．

実際には，次の定理が示すように，この問題の $(c(v, v^*))_{v \in V}$ は，最適解でもある．

### 定理 31（最小コストの特徴づけ 2）

$(c(v, v^*))_{v \in V}$ は，$x^{v^*} \leq 0$ かつ任意の $v \in V$ について $[H^v(x^V) \geq 0$ または $x^v = -\infty]$ となる $x^v$ の最大元である．

### 証明

$z^V$ を任意の実行可能解とする．少なくとも 1 つの $v \in V$ に対して，$c(v, v^*) < z^v$ であると仮定して矛盾を導く．

まず，$c(v, v^*) = -\infty < z^v$ であるとする．このとき，$v$ から負のサイクル

$$Q: v_0, e_1, v_1, e_2, \ldots, e_l, v_l,\ ただし,\ v_l = v_0,$$

を経由して $v^*$ へ到達可能である．ここで，実行可能性より，一般に $v'$ から $w'$ へ到達可能なとき，$z^{w'} = -\infty$ ならば，$z^{v'} = -\infty$ であり，$z^{w'} < \infty$ ならば，$z^{v'} < \infty$ であることに注意せよ．ゆえに，$z^{v^*} \leq 0$ か

つ $-\infty < z^v$ より，$-\infty < z^{v_m} < \infty$ $(m = 0, 1, 2, \ldots, l-1)$ である．したがって，

$$0 \leq \sum_{m=0}^{l-1} H^{v_m}(z^V) \leq \sum_{m=0}^{l-1}(z^{v_{m+1}} + c(e_{m+1}) - z^{v_m}) = \sum_{m=1}^{l} c(e_m)$$

となり，$Q$ が負のサイクルであることと矛盾が生じる．

$-\infty < c(v, v^*) < z^v \leq \infty$ のとき，$v$ から $v^*$ までの最短経路が存在する．このような $v$ のうち最短経路の枝の数 $k_v$ が最小のものを考えよう．$k_v = 0$ のときは $v = v^*$ であるから，$z^v \leq 0$ より $c(v, v^*) = 0 \geq z^v$ であるから矛盾が生じる．$k_v > 0$ のとき，$k_v$ の最小性より $v$ から $v^*$ へ最小コスト経路に沿って一辺すすんだ頂点 $w$ においては，$c(w, v^*) \geq z^w$ である．したがって，$c(v, v^*) \geq G^v(z^V)$ となるから，$z^V$ の実行可能性より $c(v, v^*) - z^v \geq 0$ である． □

上記の定理により，経路の最小コストは $H_v$ に関する最大保障問題の解である．関数 $H^v$ の値は，$x^V$ と $\phi_+(e) = v$ となる辺 $e \in E$ のみに注目すれば求められるので都合がよい．このときの単調アルゴリズムに，ラウンド数 $k$ および $H_v$ の値を決定するときの $v \in V$ を記憶する変数を加えて書き下すと，次のようになる．

**アルゴリズム 32**（ベルマンフォードアルゴリズム）

1. $k := 0; x^{v^*} := 0; I(v^*) := \{v^*\}$;
   $x^v := \infty$ and $I(v) := \emptyset$ for all $v \in V \setminus \{v^*\}$;
2. $S := \{v \in V : H^v(x^V) < 0 \text{ かつ } x^v > -\infty\}$;
3. **If** $S = \emptyset$, **then stop**;
4. for all $v \in S$,

$$I(v) := \arg\min \{c(e) + x^w : \psi_+(e) = v, \psi_-(e) = w\},$$

$$x^v := G_v(x^V);$$

5. $k := k+1$; **Jump to** 2.

負のサイクルを経由して目的地へ到達可能な始点があるとき,このアルゴリズムは停止しない.しかし,最小コスト経路の辺の数が $m$ であるような頂点は,$k = m$ ラウンドまでに最小コスト経路を見つけ出すことがわかる.したがって,$k > |V|$ となったあとで $x^v$ を更新するときは,$x^v := -\infty$ とするように改良することによって,たかだか $|V|$ ラウンドでアルゴリズムを停止させることができる.

## 5.4 二部マッチング市場

### 5.4.1 安定マッチング

二部マッチング市場の分析は,Gale and Shapley (1962) を嚆矢とする.二部マッチング市場の例は,複数の企業と複数人の労働者が存在する労働市場である.ここでは特に,多対一マッチング市場を扱う.「多対一」とは,この場合,労働者はたかだか 1 つの企業にしか雇用されないが,企業は複数の労働者を雇用することができる状況をさす.

この市場では,労働者と企業の間で,さまざまな雇用契約が交わされる.雇用契約が企業と労働者を結びつけている点を強調して,実現している雇用契約全体をマッチングと呼ぶ.あるマッチングは,どの労働者も離職のインセンティブをもたず,どの企業も現在の従業員を解雇するインセンティブをもたないとき,個別に合理的であるという.また,どのような一企業と一または複数の労働者の集団も,それぞれが締結している既存の契約の一部を破棄して,自分たちの間に新たな雇用関係を結ぶインセンティブをもたないとき,マッチングは,多対一提携ごとに合理的であるという.個別に合理的でかつ多対一提携ごとに合理的なマッチングを,単に安定的なマッチングと呼ぶ.

Gale and Shapley (1962) は,安定的なマッチングが,少なくとも 1 つ

は存在することを示し，それを十分な時間内に探し出すアルゴリズムを提案した．後の研究によって，安定的なマッチングが存在して，Gale and Shapley 型のアルゴリズムが機能するためには，企業の労働者の選定のしかたが，代替可能性 (substitutability) という性質をもつことが重要であることがあきらかにされた (Roth and Sotomayor, 1990)．

ここでは Hatfield and Milgrom (2005) に従って，このような市場のできるだけ一般的なモデルを考えよう．

$W$ を労働者の集合とし，$F$ を企業の集合とし，ともに有限であるとする．また，$C$ を労働者と企業の間の雇用契約の集合とし，有限であるとする．契約 $c \in C$ は労働者 $w(c) \in W$ と企業 $f(c)$ によって締結されたり，されなかったりすると仮定する．任意の労働者 $i \in W$ と，任意の企業 $j \in F$ と契約の集合 $D \subset C$ に対して，労働者 $i$ に直接かかわる契約の集合 $D^i$ と企業 $j$ に直接かかわる契約の集合 $D_j$ をそれぞれ，次のように定義する．

$$D^i := \{c \in D : w(c) = i\}, \ D_j := \{c \in D : f(c) = j\}.$$

また，契約の集合 $D \subset C$ に対して，契約にかかわった労働者の集合を $W(D)$，同じく契約にかかわった企業の集合を $F(D)$ と表記する．

$$W(D) := \{i \in W : |D^i| \geq 1\}, \ F(D) := \{j \in F : |D_j| \geq 1\}.$$

**定義 33**（多対一マッチング，多対一提携）

契約の集合 $D \subset C$ は，すべての労働者 $i \in W$ に対して，$|D^i| \leq 1$ のとき多対一マッチングと呼ぶ．

多対一マッチング $E$ は $|F(E)| \leq 1$ のとき，多対一提携と呼ぶ．

企業 $j \in F$ の参加する多体一提携の集合を $\mathcal{D}_j$ であらわそう．企業 $j$ は，各多体一提携を評価する関数 $u_j : \mathcal{D}_j \to \Re$ をもっているとする．すなわち，$D_j \in \mathcal{D}_j$ に対して，$u_j(D_j)$ は各雇用契約 $c \in D_j$ を労働者 $w(c)$ とそれぞれ結んだときの企業 $j$ の評価値である．ただし，

$u_j(D) = u_j(D')$ ならば，つねに $D = D'$ であるとする．つまり雇用契約全体が少しでも変化した場合は別の評価を下すものとする．この評価関数をもとにして，選択関数 $Ch_j$ を次のように定義する．

$$Ch_j(D) := \arg\max\{u_j(E) : E \in \mathcal{D}_j, E \subset D_j\}.$$

すなわち，提示された雇用契約の集合 $D$ に対して，雇用契約全体の評価をもっとも高くするよう，それぞれの契約の採否を決めた結果が，$Ch_j(D)$ である．

一方，各労働者 $i$ は評価関数 $u^i : C^i \cup \{\phi^i\} \to \Re$ をもっているとする．$u^i(c)$ は雇用契約 $c$ を結んだときの評価である．特異な要素 $\phi^i \notin C$ は，労働者 $i$ がどのような雇用契約も結んでいない状態を示すものとする．また，$u^i(c) = u^i(c')$ ならば，$c = c'$ であるとする．すなわち，別の契約には異なる評価を下すと仮定する．

多対一マッチング $D$ と任意の労働者 $i \in W$ について，

$$u^i(D^i) := \begin{cases} u^i(c) & D^i = \{c\} \text{ のとき,} \\ u^i(\phi^i) & D^i = \emptyset \text{ のとき,} \end{cases}$$

と表記することにする．

## 定義 34（安定性）

多対一マッチング $D \subset C$ は，一人の労働者 $i \in W$ に対して，$u^i(D^i) < u^i(\phi^i)$ のとき，労働者 $i$ によって改善できるという．

多対一マッチング $D \subset C$ は，一企業 $j \in F$ と多対一提携 $E$ に対して，$E_j \subset D_j$ かつ $u_j(E_j) > u_j(D_j)$ のとき，企業 $j$ よって改善できるという．

多対一マッチング $D \subset C$ は，次の 2 条件の両方をみたすとき，多対一提携 $E \subset C$ によって改善できるという．

1. すべての $i \in W(E)$ に対して $u^i(E^i) \geq u^i(D^i)$，かつある $i' \in$

$W(E)$ に対して $u^{i'}(E^{i'}) > u^{i'}(D^{i'})$. すなわち $E$ に関連するすべての労働者にとって, $E$ に対する評価は $D$ に対するものよりも低くはなく, 少なくとも一人の労働者にとっては高い.

2. $j \in F(E)$ ならば, $u_j(E_j) > u_j(D_j)$. すなわち, $E$ に関連する企業にとっては, $E$ に対する評価は $D$ に対するものよりも高い.

どの企業, どの労働者, およびどの多対一提携にも改善されないマッチングを安定なマッチングと呼ぶ.

すべての $i$ について, $X^i := [u^i(\phi^i), \max u^i(C^i)]$ とおく. いま, 各労働者 $i \in W$ が留保的な評価水準 $x^i \in X^i$ をもつとしよう. このとき, 各労働者と各企業の間での雇用関係と評価水準を次の手続きで決めよう.

1. 各労働者 $i \in W$ は一斉に, 各企業 $j$ に対して留保的な評価水準 $x^i$ 以上の契約のすべて

$$A_j^i(x^i) := \{c \in C^i | u^i(c) \geq x^i, f(c) = j\}$$

を提示する.

2. 各企業 $j$ は, 自分に提示された契約

$$B_j(x^W) := \bigcup_{i \in W} A_j^i(x^i)$$

のうちから, 雇用契約全体を最適にするように契約を受託する. すなわち, 各労働者 $i$ に対して

$$c \in C_j^i(x^W) := \{c | c \in Ch_j(B_j(x^W)), w(c) = i\}$$

となる契約をすべて受託する.

3. 各労働者 $i$ は受託された契約全体と $\phi^i$ のうちから, もっとも評価の高い契約

$$c^i(x^W) := \arg\max \left\{ u^i(c) : c = \phi^i \text{ または } c \in \bigcup_{j \in F} C_j^i(x^W) \right\}$$

を選択する．

4. 前のステップの結果，多対一マッチング

$$D(x^W) := \{c^i(x^W) : i \in N\} \setminus (\bigcup_{i \in W}\{\phi_i\})$$

が成立する．

このとき，留保的な評価水準に対して，結果の評価水準を与える関数を $f$ とおこう．すなわち，

$$f : X^W \to X^W, \; x^W \mapsto \left(u^i(c^i(x^W))\right)_{i \in W}$$

である．このとき，安定な多対一マッチングは $f$ の不動点として特徴づけることができる．

### 定理 35（安定性の不動点による特徴づけ）

評価水準 $y^W \in X^W$ を安定な多対一マッチングで実現できるための必要十分条件は，$f(y^W) = y^W$ が成立することである．

### 十分性の証明

$f(y^W) = y^W$ のとき，$D(y^W)$ が安定なマッチングであることを示せばよい．労働者から $y^W$ 以上の契約すべてが提示されたとき，ある企業の最適な選択の一部として，ある契約 $c \notin D(y^W)$ が選ばれたとすると，労働者 $i = w(c)$ に対して，$y^i \leq u^i(c) < f^i(y^W)$ となって矛盾する．また，どの契約 $c \in D(y^W)$ も，労働者から $y^W$ 以上の契約すべてが提示されたとき，ある企業の最適な選択の結果として選ばれている．すなわち，労働者から $y^W$ 以上の契約すべてが提示されたとき，各企業が最適な選択をした結果が，$D(y^W)$ である．したがって，どの多対一提携でも，どの単独企業でも，$D(y^W)$ を改善することはできない．最後に，$y^i = f^i(y^W) \geq u^i(\phi^i)$ であるから，どの単独の労働者によっても，$D(y^W)$ を改善することはできない． □

## 必要性の証明

$y^W$ をマッチング $D$ の評価水準であるとよう.ある $i \in N$ について,$y^i \neq f^i(y^w)$ として,$D$ が安定でないことを示す.場合に応じて,企業 $j \in F$ を以下のように定める.

1. $f^i(y^W) > y^i \geq u^i(\phi^i)$ のとき,$f^i(y^W) = u^i(c)$ となる $c \in C$ が存在する.このとき,企業 $j$ を $j = f(c)$ とおく.
2. $f^i(y^W) < y^i$ のとき,$y^i = u^i(c)$ となる $c \in D$ が存在する.このとき,$j = f(c)$ とおく.

多対一提携 $E_j$ を,$E_j := Ch_j(B_j(y^W))$ と定める.$B_j(y^W) \supset E_j$ であるから,$W(E_j)$ のどのメンバーにとって $D$ よりも $E_j$ は低評価ではない.企業 $j$ にとっては $D_j$ よりも $E_j$ が高評価である.$E_j \subset D_j$ ならば,$j$ は,$D_j$ のいくつかの契約を破棄して $E_j$ を実現することによって,単独でマッチングを改善する.新たな契約 $c \in E_j \setminus D_j$ があるならば,少なくとも一人の労働者 $i \in W(E)$ の効用も上昇するので,多対一提携 $E_j$ は $D$ を改善する. □

### 5.4.2 代替可能性とアルゴリズム

以下では,企業の選択関数が,第 3.5 節で述べた代替可能性をみたすと仮定する.

### 定義36 (代替可能性　Roth and Sotomayor, 1990)

企業の選択関数 $Ch_j$ が代替可能性をもつとは,次の条件をみたすことをいう.$c \in Ch_j(D)$ かつ $D' \subset D$ ならば,$c \in Ch_j(D' \cup \{c\})$.

代替可能性とは,あるとき採択された契約 $c$ は,提示される契約全体が少なくなってもやはり採択されるという性質である.第 3.5 節で述べたように,代替可能性は,特性ベクトルで表現した選択関数が,Z 関数となることと同値である.

選択関数 $Ch_j$ の代替可能性が想定されたとき，関数 $f$ はメッツラー関数であることがわかる．なぜなら，第一に，他の労働者の留保水準が上昇することは，他の労働者の提示する雇用契約が少なくなることを意味する．そして，他の労働者の提示する雇用契約が減少しても，代替可能性より，もともと受託された自分の契約が拒否されることはない．したがって，労働者は自分にとって受託される契約は増加することはあっても減少することはないので，最終的に以前より不利でない契約を選ぶことができる．

安定なマッチングを特徴づける条件付きの方程式

$$f(x^W) = x^W, x^W \in X^W$$

を考えよう．このとき，方程式の解はどれも，最大保証問題

$x^W \in X^W$，かつ，すべての $i \in W$ に対して $f^i(x^W) - x^i \geq 0$，または，$x^i = u^i(\phi^i)$，

の実行可能解でもある．したがって代替可能性を想定すると，安定なマッチングのどれも，両方の最大保障問題の実行可能解である．逆は必ずしも真ではないが，以下に示すように，最大保障問題の最適解にかぎっては方程式の解になっていることがわかる．

## 定理 37

1. すべての $i \in W$ について，$f^i(z^W) - z^i \geq 0$ または $z^i = u^i(\phi^i)$ となる $z^W \in X^W$ の最大元 $z^{*W}$ に対して，$z^{*W} = f(z^{*W})$ である．
2. すべての $i \in W$ について，$f^i(z^W) \leq z^i$ または $z^i = \max u^i(C^i)$ となる $z^W \in X^W$ の最小元 $z_*^W$ に対して，$z_*^W = f(z_*^W)$ である．

## 証明

かりに，$f^i(z^{*W}) > z^{*i}$ であるとすると，メッツラー関数の性質より，すべての $i' \in W$ に対して $f^{i'}(z^W) \geq z^{i'}$ または $z^{i'} = u^{i'}(\phi^{i'})$ を保つ

たまま，$z^i$ をわずかに上昇させることができて，最大元の定義に矛盾する．$f^i(z^{*W}) < z^{*i}$ のとき，実行可能性より $z^{*i} = u^i(\phi^i)$ であるが，$f^i(z^{*W}) \geq u^i(\phi^i)$ と矛盾する．

かりに，$f^i(z_*^W) < z_*^i$ であるとすると，すべての $i' \in W$ に対して $f^{i'}(z_*^W) \leq z_*^{i'}$ を保ったまま，$z^i$ をわずかに下降させることができて，最小元の定義に矛盾する．$f^i(z_*^W) > z_*^i$ のとき，実行可能性より $z_*^i = \max u^i(C^i)$ であるが，$f^i(z_*^W) \leq \max u^i(C^i)$ と矛盾する． □

定理37の最大元および最小元を求める単調アルゴリズムを書き下すと，次のようになる．後者は，Roth (1984) で報告されている NIMP アルゴリズムと本質的に同等である．

## アルゴリズム 38（Gale and Shapley, 1962）

1. $x^i := \max u^i(C^i)$ for all $i \in W$;
2. $S := \{i | x^i > f^i(x^W)$ かつ $x^i \neq u^i(\phi^i)\}$ ;
3. **If** $S = \emptyset$, **then stop**;
4. $x^i := \max\{u^i(c) | c \in C, x^i > u^i(c)\}$ for all $i \in S$;
5. **Jump to** 2.

## アルゴリズム 39

1. $x^i := u^i(\phi^i)$ for all $i \in W$;
2. $S := \{i | f^i(x^W) > x^i$ かつ $x^i \neq \max u^i(C^i)\}$ ;
3. **If** $S = \emptyset$, **then stop**;
4. $x^i := f^i(x^W)$ for all $i \in S$;
5. **Jump to** 2.

## 5.5 単記移譲式

単記移譲式（Single Transferable Vote, 以下 STV とする）とは，選挙の一方法である．投票者に候補者の順位を投票させ，死票を少なくするように票を順位にもとづいて候補者間で移譲させることから，この名称がついた．議会の議席数に有権者の意見の分布を正確に反映しようという比例代表の理念が，この選挙制度を正当化してきた．STV にはさまざまな種類があるが，Meek (1969) は，票を (1) 候補者ごとに定まる保有率にを介して移譲すること，(2) 当選決定済みの候補に対しても移譲する方法を提案した．Meek の方法は，2001 年成立のニュージーランドの地方選挙法として立法化され，ウェリントン市などで採用されている．この Meek の方法に，非対角単調関数があらわれる．STV の意義および実態はこの節の最後に説明する．

$N$ を候補者の集合，$M$ を投票者の集合，$n = |N|$，$k$ を議席の数としよう．Meek は各候補者 $i \in N$ に対して，保有率 (keep value) $x^i \in [0, 1]$ を定め，各投票者 $j \in M$ の票と各候補者の保有率 $(x^i)_{i \in N}$ に対して，各候補者の得票点を対応させることを考えた．それによると，投票者 $j \in M$ が，候補者の順序 $i_1, i_2, \ldots, i_n$ を決めて投票したとき，投票者 $j$ の一票から候補者 $i_k$ は

$$\alpha_{i_k}^j := (1 - x^{i_1})(1 - x^{i_2}) \cdots (1 - x^{i_{k-1}}) x^{i_k}$$

だけ得点する（図 5.4）．

したがって，保有率が $x^N$ であるとき，候補者 $i$ の総得票は，

$$v^i(x^N) = \sum_{j \in M} \alpha_i^j$$

となる．定義より，関数 $v^N$ は，非対角単調関数である．すなわち，他の候補の保有率の減少は，自分の得票を上昇させる．

第5章 応用

図 5.4 一票による得点

| $j$ による投票 候補 順位 | 保有率 | $j$ の一票からの得点 |
|---|---|---|
| A　1 | $x_A$ | $x_A$ |
| B　5 | $x_B$ | $(1-x_A)(1-x_D)(1-x_E)(1-x_C)x_B$ |
| C　4 | $x_C$ | $(1-x_A)(1-x_D)(1-x_E)x_C$ |
| D　2 | $x_D$ | $(1-x_A)x_D$ |
| E　3 | $x_E$ | $(1-x_A)(1-x_D)x_E$ |

死票には,「当選者への過剰な票」と「下位落選者への票」との2種類がある.当選者への過剰な票を評価するもっとも代表的な基準は,ドループ基数と呼ばれる.$k$ 人選出する選挙区では,ドループ基数は全有効投票数の $1/(k+1)$ で計算できる.すなわち,**ドループ基数**は,

$$q(x^N) := \sum_{i \in N} v^i(x^N)/(k+1)$$

である.ドループ基数を超える票を獲得するのは $k$ 人以下であるから,ドループ基数を超える得票は,上位 $k$ 位以内にはいることを保障する.逆に,得票がドループ基数を下回る場合は,他の候補者の得票分布次第で,上位 $k+1$ 位以下になる危険性がある.

有権者 $j \in M$ が,$i_1, i_2, \ldots, i_n$ の順で投票したとすると,この有権者の票のうち,どの候補の得票にもならなかった部分は,

$$\beta^j := (1-x^{i_1})(1-x^{i_2})\cdots(1-x^{i_n})$$

である.一方,$\sum_{i \in N} v^i(x^N) = |M| - \sum_{j \in M} \beta^j$ である.したがって,$q(x^N)$ は,各 $x^i$ に関して増加関数となる.このことは,得票とドループ基数の差

$$v^i(x^N) - q(x^N)$$

が $x^j$ ($j \neq i$) の減少関数になることを意味する．すなわち，

$$x^N \mapsto (v^i(x^N) - q(x^N))_{i \in N}$$

は，非対角単調関数である．

Meek (1969) は，ドループ基数を超えた票を 次のように配分することを提案している．

### 定義 40（ミーク解　Meek, 1969, 1970）

$\epsilon > 0$ とする．保有率ベクトル $x^N \in [0,1]^N$ は，任意の $i \in N$ について 次のような条件をみたすとき，$\epsilon$-ミーク解と呼ぶ．

$$v^i(x^N) - q(x^N) \leq \epsilon,$$

$$v^i(x^N) - q(x^N) < \epsilon \ \text{ならば}, \ x^i = 1.$$

任意の $\epsilon > 0$ に対して，$\epsilon$-ミーク解は一意的に存在する (Hill, Wichmann, Woodall 1987)．$\epsilon$-ミーク解は，2種類の最大保障問題 でそれぞれ特徴づけることができる．

### 定理 41（$\epsilon$-ミーク解の特徴づけ 1）

$\epsilon > 0$ とする．次のような $x^N \in [0,1]^N$ の最小元は，$\epsilon$-ミーク解である．

$$\text{任意の } i \in N \text{ に対して } v^i(x^N) - q(x^N) \geq \epsilon \ \text{または} \ x^i = 1.$$

### 証明

$x^N$ を最小元としよう．$x^i = 0$ ならば，$v^i(x^N) - q(x^N) \leq 0$ であり，実行可能性の定義に矛盾する．したがって，$x^N \gg 0$ である．かりに，$v^i(x^N) - q(x^N) > \epsilon$ であるとしよう．このとき，$x^i$ をわずかに減少させることによって，任意の $j \in N$ に対して，$v^j(x^N) - q(x^N) \geq \epsilon$ または $x^j = 1$ を保ったままにすることができる．これは最小元の定義に矛盾する．

実行可能性より, $v^i(x^N) - q(x^N) < \epsilon$ ならば, $x^i = 1$ である. したがって, $x^N$ は $\epsilon$-ミーク解である. □

### 定理 42 ($\epsilon$-ミーク解の特徴づけ 2)

$\epsilon > 0$ とする. 次のような $x^N \in [0,1]^N$ の最大元は, $\epsilon$-ミーク解である.

$$\text{任意の } i \in N \text{ に対して } v^i(x^N) - q(x^N) \leq \epsilon \text{ または } x^i = 0.$$

### 証明

$x^N$ を最大元としよう. $x^i = 0$ のときは, $v^i(x^N) - q(x^N) \leq 0$ である. したがって, 任意の $i \in N$ に対して, $v^i(x^N) - q(x^N) \leq \epsilon$ である. かりに, $v^i(x^N) - q(x^N) < \epsilon$ かつ $x^i < 1$ であるとしよう. このとき, $x^i$ をわずかに増加させることによって, 任意の $j \in N$ に対して, $v^j(x^N) - q(x^N) \leq \epsilon$ または $x^j = 0$ を保ったままにすることができる. これは最大元の定義に矛盾する. □

最大保証問題による $\epsilon$-ミーク解の定式化は, 定理 20 より, ただちに, $\epsilon > 0$ に関する比較静学を可能にする.

### 定理 43

$\epsilon_1 > \epsilon_2 > 0$ とし, $\epsilon_1$-ミーク解を $x^N_{\epsilon_1}$, $\epsilon_2$-ミーク解を $x^N_{\epsilon_2}$ としよう. このとき, $x^N_{\epsilon_1} \geq x^N_{\epsilon_2}$ である.

$\epsilon > 0$ は当選者が $n+1$ にならないための工夫である. Meek (1969) が採用した $\epsilon = 1$ は一票を分割しなかった伝統的な方法のなごりであると推察される. この定理によれば, $\epsilon$ が 0 に近いほど, より多くの余剰な票が移譲され, 当選者が増加することがわかる. この意味では, $\epsilon$ が 0 に近いほど, 理念的には望ましいと考えることができる.

$\epsilon$-ミーク解は, 最大保証問題の解であるから, 単調アルゴリズムで求めることができる. 定理 41 の特徴づけによれば, 保有率は 0 からス

タートして上昇していく．定理42の特徴づけによれば，保有率は1からスタートして下降していく．2つのアルゴリズムは，実数の範囲では同じく$\epsilon$-ミーク解に収束する列を発生させる．しかし，実数の範囲での計算とはあくまでも理論上のものであって，実際の選挙では有限性のある機械で，有限的な解を求める必要がある．このとき，当然，理論値との誤差が生まれることになる．しかし，たとえわずかであっても一票によって当落が決まる可能性は，有権者が投票するための動機としては重要である．したがって，誤差について周到に考察することが，選挙の理念をまもるためには必要とされる．

定理41にもとづいて，近似解を考えよう．保有率のとり得る値が有限に制限され，しかも$\epsilon$が十分に小さいときは，当選のための条件$v^i(x^N)-q(x^N) \geq \epsilon$は，$v^i(x^N)-q(x^N) > 0$と同値になる．上で論じたように，$\epsilon$は小さいほど望ましいので，有限の範囲で計算する場合は，$\epsilon > 0$を固定化しないかわりに等号を除外するのが望ましいことになる．そこで，次の条件をみたす$x^N \in X^N$の最小元が近似解の候補になる．

　　任意の$i \in N$について，$v^i(x^N)-q(x^N) > 0$ または $x^i = 1$.

これは次の単調アルゴリズムによって求めることができる．

**アルゴリズム 44**

1. $c^i := 0$ for all $i \in N$;
2. $S := \{i : x^i \neq 1$ かつ $v^i(c^N) \leq q(c^N)\}$;
3. If $S = \emptyset$ **then stop**;
4. $c^i := \inf\{x^i \in X^i : v^i(c^{N\setminus\{i\}}, x^i) > q(c^N)\}$ for all $i \in S$;
5. **Jump to** 2.

一方，同じく$X^N$が有限であるとき，定理42にもとづいて，次の条件をみたす$x^N \in X^N$の最大元を考えよう．

　　任意の$i \in N$について，$v^i(x^N)-q(x^N) \leq \epsilon$ または $x^i = 1$.

このとき，$v^i(x^N)-q(x^N) < 0$となる$i$が存在し，$n+1$人の当選者を

出してしまう可能性が生じる．言い換えると，単調アルゴリズムの実行の際に，保有率をさげていく段階で，当選者は過剰に票を移譲し，

$$v^i(x^N) - q(x^N) < 0$$

となる局面をむかえ，そのまま最後まで不等号が成立する可能性が生じる．実際には，$x^i$ を更新するとき「切り上げ」を行い，

$$v^i(z^i, x^{N\setminus\{i\}}) - q(x^N) \geq \epsilon > 0$$

をみたす最小の $z^i$ を選ぶ方法がとられている．$X^i$ が有限であるから，$\epsilon > 0$ が十分に小さいとき，この方法は，$v^i(z^i, x^{N\setminus\{i\}}) - q(x^N) > 0$ をみたす最小の $z^i$ を選ぶのに等しい．さらに，$v^i(z^i, x^{N\setminus\{i\}})$ は $z^i$ に関しては単調非減少であるから，この方法は，

$$v^i(next(z^i), x^{N\setminus\{i\}}) - q(x^N) \leq 0$$

となる最大の $z^i$ を選ぶことに等しい．ただし，$next(z^i)$ は $z^i$ より一段階小さい保有率とする．すなわち $next(z^i) = \max\{x^i | z^i > x^i, x^i \in X^i\}$ である．そのようなアルゴリズムを書き下すと次のようになる．

### アルゴリズム 45

1. $c^i := 1$ for all $i \in N$;
2. $S := \{i : x^i \neq 0 \text{ かつ } v^i(next(c^i), c^{N\setminus\{i\}}) > q(c^N)\}$;
3. **If $S = \emptyset$ then stop**;
4. $c^i := \inf\{x^i \in X^i : v^i(x^i, c^{N\setminus\{i\}}) > q(c^N)\}$ for all $i \in S$;
5. **Jump to** 2.

最大保証問題と単調アルゴリズムの関係より，このとき最終的に求められる解は，次の条件をみたす $x^N \in X^N$ の最大元である．

任意の $i \in N$ について，
$$v^i(next(x^i), x^{N\setminus\{i\}}) - q(x^N) \leq 0 \text{ または } x^i = 0.$$
この最大元 $x^N$ に対して，$v^i(x^N) - q(x^N) \leq 0$ ならば，$x^i = 1$ であるか

ら，過剰に票を移譲することはない．

2つの近似解を比較すると，次の事実がわかる．

### 定理 46（近似解の比較定理）

任意の $i \in N$ について $v^i(x^N) - q(x^N) > 0$ または $x^i = 1$ をみたす $x^N$ の最小元を $y^N \in X^N$ とする．
また，任意の $i \in N$ について，$v^i(next(x^i), x^{N \setminus \{i\}}) - q(x^N) \leq 0$ または $x^i = 0$ をみたす $x^N$ の最大元を $z^N \in X^N$ とする．
このとき，$z^N \geq y^N \geq x_\epsilon^N$ である．ただし，$x_\epsilon^N$ は，十分小さい $\epsilon > 0$ に対する $\epsilon$-ミーク解である．

実際に，$z^N \neq y^N$ となる例を構成することができる．4つの議席を5人の候補者 $A$, $B$, $C$, $D$, $E$ で争うと考えよう．投票総数232票が，以下のように5種類の票からなっていたとしよう．

$51 : A, B, C$ の順； $\quad$ $51 : B, AC$ の順 $\quad$ $40 : C$ の順

$47 : D, E$ の順； $\quad$ $43 : E$ の順．

保有率は，0.1 きざみとしよう．すなわち $X^i = \{0, 0.1, 0.2, \ldots, 1\}$ とする．$(x^A, x^B, x^C, x^D, x^E) = (1, 1, 1, 1, 1)$ であるとき，ドループ基数は $232/(4+1) = 46.4$ である．したがって，$A, B, D$ が当選者となることはただちにわかる．表5.1は，

$$u^A(x^A, x^B, 1, 1, 1) := v^A(x^1, x^2, 1, 1, 1) - q(x^1, x^2, 1, 1, 1)$$

の値を示したものである．この表を用いれば，$z^N = (1, 1, 1, 1, 1)$ となることがわかる．$z^N$ で当選者を決定したあと，最下位の者が除かれるとしたら，$C$ は落選する．しかし，$w^N := (0.7, 0.7, 1, 1, 1)$ とすると，$u^A(w^N) = u^B(w^N) > 0$ となるから，$w^N \geq y^N$ である．また，$u^C(w^N) = 2.78 > 0$ となるから，$y^N$ によれば，$C$ は当選することがわかる．実際にアルゴリズム44を実行すると，$w^N = y^N$ であることを

表5.1　$u^1(x^1, x^2, 1, 1, 1)$

| $x^1$ \ $x^2$ | 1 | 0.9 | 0.8 | 0.7 | 0.6 |
|---|---|---|---|---|---|
| 1 | 4.6 | 9.7 | 14.8 | 19.9 | 25 |
| 0.9 | -0.9 | 4.09 | 8.68 | 13.27 | 17.86 |
| 0.8 | -5.6 | -1.52 | 2.56 | 6.64 | 10.72 |
| 0.7 | -10.7 | -7.13 | -3.56 | 0.01 | 3.58 |
| 0.6 | -15.8 | -12.74 | -9.68 | -6.62 | -3.56 |

確かめることができる.

　Meek (1969) 以来,保有率を下降していくアルゴリズムのみが考察されてきており,ニュージーランドでの法制化もそれにもとづいている.そこでは,実数で考えた理論値との差が大きくならないように,誤差のとり扱いに関しては詳細なルールが定められている (New Zealand Government, 2013).一方,保有率を上昇させるアルゴリズムは,Masuzawa (2012) によって提案された.以上に述べたように,上昇型の方法は,保有率のとり得る範囲を定めれば,複雑なとり扱いをせずに,最小な保有率を与える.下降型のアルゴリズムにのみ注目が集まったのは,手作業で行った伝統的な方法に似ているからだと推察される.

# 補論: 単記移譲式の意義および実態

　単記移譲式の選挙は現在の日本では馴染みが少ないので，その意義および実態について簡単に解説しよう．単記移譲式の選挙の意義を理解するには，単記非移譲式の選挙と対比して考えるとよい．単記非移譲式選挙とは，日本の国会や地方議会で用いられている制度であり，有権者が候補者一名を選んで投票し，得票数の多い順に定数までの候補が当選する制度である．

　単記非移譲式の選挙は，日本においては帝国議会の時代からの長い歴史をもつ．とくに，衆議院は長い間この選挙方法を採用してきた．制度の歴史を簡単に振り返ると，第1回から第6回までの衆議院議員は2名連記2名選出および単記1名選出の選挙区で選出された．この方法では，2名選出の選挙区でも，選挙区内の過半数を得たグループが議席を独占することができる．これを改め，単記投票で複数人を選出する方式を導入したのは伊藤博文であり，その由来は衆議院の書記官であった林田亀太郎が伊藤博文に提案したものである（伊藤，1899；尾崎・林田，1926）．

　単記非移譲式の第一の長所は，地域差では説明のできない多様な意見を，有権者の割合に応じて議席数に反映するところにある．単記非移譲式の第二の長所は，政党の枠組みによらずに，有権者が候補者に直接投票できる点にある．政党名簿式は，少数派にも議席を与える制度とされるが，本質的には政党単位で当選者を決める制度である．とくに，政党の枠組みが不安定である場合など，有権者にとって政党が適切な選択肢とならないときには，有権者には不満の多いものになる．

図 5.5　1963 年衆院山口 2 区 自民党候補者の得票数

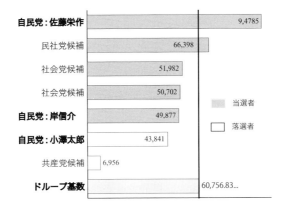

　しかし，単記非移譲式の制度では，同一選挙区で複数人の候補の当選を目指す政党は，「過剰得票による同士討ち」と「過剰立候補による共倒れ」のリスクを背負う．たとえば，岸信介と佐藤栄作両元首相の兄弟は，同じ旧山口 2 区から立候補を続けたが，1963 年の選挙では，佐藤に票が集中したことが原因となって，岸は最下位当選に甘んじ，自民党候補でこのときすでに元山口県知事であった小澤太郎は落選し，野党候補が選挙区内の過半数を占めた（図 5.5）．一方，1996 年の参議院通常選挙では，埼玉，東京，愛知の選挙区では，自由民主党は複数候補の擁立によって共倒れをおこして，自民党候補者全体ではドループ基数を超えていたにもかかわらず，一議席も獲得することができなかった．

　STV では，単記非移譲式のもつこのような弊害を除去する．その要点は，(i) 投票者は候補者の順位をつけて投票する，(ii) 一定数（基数）以上の得票者を当選とし，余った票を順位にしたがって他の候補に移譲する，(iii) 当選者数が議席数にとどかない場合は，最下位の者一人を落選者として除外し，その票を順位にしたがって移譲する，の三点にまとめることができる．STV によれば，政党は「過剰得票による同

士討ち」や「過剰立候補による共倒れ」のリスクを心配することなく，ドループ基数に対する比の分だけ議席を獲得することができる．

　STVは19世紀にヨーロッパで発明され，哲学，経済学，政治学などで才能を発揮したジョン・スチュワート・ミルが，「代議制統治論」で推奨したのを大きなきっかけにして英語圏を中心として広まった．アイルランド共和国は，建国当初から憲法において，選挙はSTVを用いることを定めている．その他，オースラリアの上院や，欧州議会のアイルランドと北アイルランド選挙区などでこの選挙方法が使われている．日本においても早くからSTVは知られていた．民撰議院設立建白書で知られる板垣退助や，未成年者の禁酒禁煙法で知られる根本正などが，この選挙方法の推進者であった（根本, 1896）．

　STVの欠点は，その仕組みが複雑なところにある．とくに，当選の決まった候補者の票を分配する方法は，複雑だとされてきた．古典的な方法では，当選の決まった候補に対しては票を移譲しないことによって，各候補からの票の移譲機会を高々一回におさえ，手作業による票の計算を可能にしてきた．しかし，この考えにもとづいて当選者を一意に決定するためには，十分には理由づけのできない細かいルールを定める必要がある．このことは，STVは実践的に複雑なわりに，理念としても曖昧であるという評価につながった．

　STVの歴史を一変させたのは，投開票の機械の導入とコンピューターの普及である．これによって開票集計作業は短時間化されたばかりでなく，有権者により理解しやすい票の移譲ルールも実行できるようになった．Meekの方法は，移譲回数は増加するもの計算機にとっては問題にならない範囲であり，理由のない細かなルールによらずに当選者を決定する．Meekの方法は，首都ウェリントンを含むニュージーランドの地方選挙で採用されている．

# 第6章 優モジュラー関数

本章では，優モジュラー関数とメッツラー関数の関係について議論する．優モジュラー性は，ゲーム理論や組み合わせ最適化の分野で，重要な性質であると認識されている．本章では，第一に，優モジュラー関数の性質を整理し，任意の優モジュラー関数は，(a) 積分，および (b) 提携型ゲームの構成という操作によって，特殊なメッツラー関数から生成されることを示す．第二に，NTU 提携型ゲームの構成という観点から，優モジュラー関数の拡張について議論する．

## 6.1 基礎事項

本節では，優モジュラー関数の定義を述べて，基礎事項を整理する．

各 $i \in N$ に対して，$X^i$ を $\Re$ の部分集合としよう．関数 $v: X^N \to \Re$ が，**優モジュラー関数**であるとは，任意の $x^N, y^N \in X^N$ に対して，次の条件が成り立つことをいう．

$$v(x^N) + v(y^N) \leq v(x^N \vee y^N) + v(x^N \wedge y^N).$$

元来，優モジュラー関数は，一般的な束に対して定義された関数であるが，本書では，定義域が $X^N \subset \Re^N$ の形になるもののみを問題にする．

任意の $i \in N$ に対して $X^i = \{0, 1\}$ であるとき，$X^N$ の要素は 0 または 1 の値を並べたベクトルになる．上記の優モジュラーの定義を，特性ベクトル $\chi_S \in X^N$ に適用すると，集合関数 $v: 2^N \to \Re$ に対して優モジュラー性を定義することができる．

**定義 47**（優モジュラー性）

集合関数 $v: 2^N \to \Re$ が，優モジュラー関数であるとは，任意の $S, T \subset N$ に対して，次の条件が成り立つことをいう．

$$v(S) + v(T) \leq v(S \cup T) + v(S \cap T).$$

上記の優モジュラーの定義は，単純ではあるが親しみやすいものではない．そのため，いくつかの優モジュラー性の必要十分条件が提案されている．ここでは，限界貢献度の逓増，差分の優加法性，および限界ベクトルのコアへの帰属という 3 つの必要十分条件を紹介する．

### 6.1.1 限界貢献度の逓増

**定理 48**（**Shapley, 1971**）

関数 $v: 2^N \to \Re$ に対して，次の各条件はどの 2 つも互いに同値である．

1. $v$ は優モジュラーである．
2. $v$ は，$S \subset T \subset N \setminus Q$ となる任意の $S, T, Q$ に対して，次の条件をみたす．

$$v(S \cup Q) - v(S) \leq v(T \cup Q) - v(T).$$

3. $v$ は，$S \subset T \subset N \setminus \{i\}$ となる任意の $S, T, i$ に対して，次の条件をみたす．

$$v(S \cup \{i\}) - v(S) \leq v(T \cup \{i\}) - v(T).$$

条件 2 は，限界貢献度の逓増と呼ばれ，限界生産力の逓増の類推で経済学の分野ではよく知られている．すなわち，$S$ に対して，$Q$ をあらたに加えたときの生産性の上昇分

$$v(S \cup Q) - v(S)$$

が，元になる集合が $S$ から $T \supset S$ へ拡大すると，大きくなるというも

のである．条件 3 は，新たにつけ加わる集団 $Q$ のサイズを 1 に制限したものである．

### 条件 1 と 2 の同値性の証明

条件 1 を仮定し，$S \subset T \subset N \setminus Q$ とする．$S_1 = S \cup Q$ かつ $T_1 = T$ とおくと，

$$v(S_1) + v(T_1) \leq v(S_1 \cup T_1) + v(S_1 \cap T_1)$$

であるから，条件 2 をえる．

一方，条件 2 を仮定し，$S, T \subset N$ に対して，$S_2 := S \cap T$，$T_2 := T$，$Q_2 := S \setminus T$ とおく．このとき，$S_2 \subset T_2 \subset N \setminus Q_2$ である．条件 2 に適用して，

$$v(S_2 \cup Q_2) - v(S_2) \leq v(T_2 \cup Q_2) - v(T_2)$$

となるから，優モジュラーの定義式をえる．  □

### 条件 2 と条件 3 の同値性の証明

条件 3 を仮定し，$S \subset T \subset N \setminus Q$ としよう．プレーヤー $i_1, i_2, \ldots, i_m$ を，$Q = \{i_1, i_2, \ldots, i_m\}$ とおき，$S_0 := S, T_0 := T, S_k := S \cup \{i_1, i_2, \ldots, i_k\}$，$T_k := T \cup \{i_1, i_2, \ldots, i_k\}$ ($k = 1, 2, \ldots, m$) とおく．
$S_k, T_k$ および $i_k$ に条件 3 を適用して

$$v(S_k) - v(S_{k-1}) \leq v(T_k) - v(T_{k-1}).$$

$k = 1, 2, \ldots, m$ について両辺の和をとると，

$$v(S \cup Q) - v(S) \leq v(T \cup Q) - v(T)$$

をえる．  □

### 6.1.2 差分の優加法性

優モジュラー性には，限界貢献度の逓増という理解とは別に，差分の優加法性という理解のしかたもある．$v(\emptyset)=0$ となる関数 $v: 2^N \to \Re$ が**優加法的**であるとは，

$$S \cap T = \emptyset \text{ ならば}, v(S) + v(T) \leq v(S \cup T).$$

をみたすことをいう．

**定理 49**

関数 $v: 2^N \to \Re$ に対して，次の各条件はどの 2 つも互いに同値である．

1. $v$ は優モジュラーである．
2. $v$ は，$S \cap T = \emptyset$ となる任意の $S, T, Q \subset N$ に対して，次の条件をみたす．

$$\bigl(v(S \cup Q) - v(Q)\bigr) + \bigl(v(T \cup Q) - v(Q)\bigr) \leq v(S \cup T \cup Q) - v(Q).$$

3. $v$ は，$i \neq j$ となる任意の $i, j \in N$ および $Q \subset N$ に対して，次の条件をみたす．

$$v(\{i\} \cup Q) - v(Q) + v(\{j\} \cup Q) - v(Q) \leq v(\{i,j\} \cup Q) - v(Q).$$

条件 2 を，差分の優加法性と呼ぼう．基準を $Q$ に定めたときの差分によって，あらたな関数 $v_Q: 2^N \to \Re$ を

$$v_Q(S) := v(S \cup Q) - v(Q)$$

で定めるとしよう．条件 2 は，基準をどのように定めても $v_Q$ が優加法性をみたすことを意味している．

条件 2 と条件 3 の同値性の意味は，$S$ および $T$ のサイズを 1 に制限した差分の優加法性だけを仮定しても，同じ条件を繰り返すことで，任意のサイズの $S$ および $T$ に対して差分の優加法性が成り立つという

ことである．

**条件 2 と 3 の同値性の証明**

条件 3 を仮定すると条件 2 が導かれることを証明する．$s=|S|$ および $t=|T|$ に関する帰納法により証明する．$s=1$ かつ $t=1$ のとき，条件 2 が成立していることはあきらかである．対称性より $s$ および $t$ に対して成立していれば $s+1$ および $t$ について成立することを示せばよい．

$s \geq |S|$ かつ $t \geq |T|$ となる任意の $S, T \subset N$ に対して，条件 2 が成立しているとする．このとき，$s=|S|, t=|T|, S \cap T = \emptyset, i \in N \setminus (S \cup T \cup Q)$ をみたす，$i \in N, S, T, Q \subset N$ を選ぶ．さらに，$Q_1 := S \cup Q$, $S_1 := \{i\}$, $T_1 := T$ とおく．$s = |S| \geq 1 = |S_1|$, $t = |T| = |T_1|$, および帰納法の仮定より，

$$v(S_1 \cup Q_1) - v(Q_1) + v(T_1 \cup Q_1) - v(Q_1) \leq v(S_1 \cup T_1 \cup Q_1) - v(Q_1)$$

$$v(S \cup Q) - v(Q) + v(T \cup Q) - v(Q) \leq v(S \cup T \cup Q) - v(Q).$$

両辺を足しあわせて整理すると，

$$v(S \cup \{i\} \cup Q) - v(Q) + v(T \cup Q) - v(Q) \leq v(S \cup \{i\} \cup T \cup Q) - v(Q)$$

をえる． □

### 6.1.3 限界ベクトルがコアに属する

$N$ をプレーヤーの集合とし，$v(S)$ をプレーヤーの部分集合が自分たちの力だけで獲得できる貨幣の量と解釈しよう．ゲーム理論の分野では，このように解釈された $v(\emptyset) = 0$ をみたす関数

$$v : 2^N \to \Re$$

を提携型ゲームとよんでいる.いま,各プレーヤーに利得 $(x^i)_{i\in N}\in\Re^N$ を受け入れてもらうという問題を考えよう.かりに

$$v(S) > \sum_{i\in S} x_i$$

が成立したと想定しよう.このとき,集団 $S$ は自分たちだけで行動することによって各メンバー $i\in S$ 全員に,$y^i > x^i$ をもたらすことができる.したがって,$v(S) > \sum_{i\in S} x_i$ となることは,各プレーヤーに利得 $(x^i)_{i\in N}\in\Re^N$ を受け入れてもらうためには都合が悪い.このような観点から受け入れてもらえる利得の集合をコアと呼ぶ.

### 定義 50(コア)

$v:2^N\to\Re$ ($v(\emptyset)=0$) のコアとは,次の集合である.

$$\left\{x^N\in\Re^N:\sum_{i\in N}x^i=v(N),\sum_{i\in S}x^i\geq v(S) \text{ for all } S\subset N\right\}.$$

### 定理 51(必要性 Shapley, 1971;十分性 Ichiishi, 1981)

$v:2^N\to\Re$ ($v(\emptyset)=0$) が優モジュラーであるための必要十分条件は,どのような全単射 $\sigma:N\to\{1,2,\ldots,|N|\}$ についても,次に定めるベクトル $m_\sigma\in\Re^N$ (限界ベクトル)が $v$ のコアに含まれることである.

$$m_\sigma^i := v(\{j\in N:\sigma(j)\leq\sigma(i)\}) - v(\{j\in N:\sigma(j)<\sigma(i)\}).$$

### 必要性の証明

$S$ のメンバーを,$i_1,i_2,\ldots,i_{|S|}$ とし,$\sigma(i_k)<\sigma(i_{k+1})$ ($k=1,2,\ldots,|S|-1$) となるように全単射 $\sigma$ を選ぶ.

$$\{j\in N:\sigma(j)\leq\sigma(i_k)\}\supset\{j\in S:\sigma(j)\leq\sigma(i_k)\}=\{i_1,i_2,\ldots,i_k\}$$

であることなどに注意すると,

$$\sum_{i\in S}m_\sigma^i = \sum_{i\in S}\Big(v(\{j\in N:\sigma(j)\leq\sigma(i)\}) - v(\{j\in N:\sigma(j)<\sigma(i)\})\Big)$$

$$\geq \sum_{k=1}^{m}\Big(v(\{i_1,i_2,\ldots,i_{k-1}\}\cup\{i_k\}) - v(\{i_1,i_2,\ldots,i_{k-1}\})\Big)$$

$$= v(S). \qquad \Box$$

**十分性の証明**

任意の $S, T \subset N$ に対して,

$$\sigma(S \cap T) = \{1, 2, \ldots, |S \cap T|\},$$

$$\sigma(S \setminus T) = \{|S \cap T|+1, |S \cap T|+2, \ldots, |S|\},$$

$$\sigma(T \setminus S) = \{|S|+1, |S|+2, \ldots, |S \cup T|\},$$

となるように,$\sigma$ を選ぶ.このとき $m_\sigma$ がコアに属することから

$$v(T) \leq \sum_{i \in T} m_\sigma^i$$

$$= \sum_{i \in T \setminus S} m_\sigma^i + \sum_{i \in S \cap T} m_\sigma^i$$

$$= v(T \cup S) - v(S) + v(S \cap T). \qquad \Box$$

## 6.2 優モジュラー関数の生成

本節では,(1) 任意の連続微分可能な優モジュラー関数は,積分可能なメッツラー関数の積分として生成されること,(2) 任意の優モジュラーな TU ゲームは,メッツラー関数の提携型として生成できることを示す.すなわち,メッツラー関数は優モジュラー関数にくらべて射程が広いことがわかる.

### 6.2.1 微積分での関係

まず,定義域が $\Re^N$ であるとき,メッツラー関数と優モジュラー関数とは,微分の操作によって関連づけられている.次の定理はよく知られている.

### 定理 52

連続微分可能な関数 $v:\Re^N \to \Re$ が優モジュラー関数であるための必要十分条件は,導関数 $f:x^N \mapsto (\frac{\partial v}{\partial x^i}(x^N))_{i \in N}$ がメッツラー関数であることである.

2階連続微分可能な関数 $v:\Re^N \to \Re$ が優モジュラー関数であるための必要十分条件は,すべて任意の $i,j \in N$ について $\frac{\partial^2 v}{\partial x^j \partial x^i}(x^N) \geq 0$ となることである.

### 証明

差分の優加法性に注目すると,$v:\Re^N \to \Re$ が優モジュラー関数であるための必要十分条件は,任意の $i,j \in N$ $(i \neq j)$ と,$x^i, x^j \in \Re$, $\delta^i, \delta^j > 0$, $z \in \Re^{N \setminus \{i,j\}}$ に対して,

$$v(x^i+\delta^i, x^j+\delta^j, z) - v(x^i+\delta^i, x^j, z)$$
$$-v(x^i, x^j+\delta^j, z) + v(x^i, x^j, z) \geq 0 \quad \text{(A)}$$

が成立することである.A式に $\frac{1}{\delta^j}$ をかけて $\delta^j \to 0$ となる極限を考えれば,B式を得る.

$$\frac{\partial v}{\partial x^j}(x^i+\delta^i, x^j, z) - \frac{\partial v}{\partial x^j}(x^i, x^j, z) \geq 0 \quad \text{(B)}$$

一方,B式の区間 $[\delta^j, 0]$ の定積分を考えると,連続性と微積分学の基本定理より第1式をえる. □

連続微分可能な優モジュラー関数 $v$ の導関数 $f$ が与えられたとき,積分の操作をほどこすことによって,定数の差を除いて元の関数 $v$ を

正確に復元することができる．つまり，連続微分可能な優モジュラー関数を論じることは，メッツラー関数を論じることに還元できることになる．

それでは，逆に，メッツラー関数を論じることは，優モジュラー関数を論じることに還元できるであろうか．その答えは，否定的なものである．関数 $f : \Re^N \to \Re^N$ が，何らかの関数 $v : \Re^N \to \Re$ の微分となるとき，$f$ は完全積分可能であるという．完全積分可能性については次の定理がよく知られている[1]．

## 定理 53

連続微分可能な関数 $f : \Re^N \to \Re^N$ について，任意の $i \in N$ と $x^N \in \Re^N$ について

$$f^i(x^N) = \frac{\partial v}{\partial x^i}(x^N)$$

となる関数 $v : \Re^N \to \Re$ が存在するための必要十分条件は，任意の $i, j \in N$ と $x^N \in \Re^N$ について

$$\frac{\partial f^i}{\partial x^j}(x^N) = \frac{\partial f^j}{\partial x^i}(x^N)$$

となることである．

図 6.1 は，メッツラー関数および優モジュラー関数を微積分の関係で整理したものである．上述の定理によれば，優モジュラー関数の微分として得ることのできるメッツラー関数は，図 6.1 の上側の系列であり，ヤコビ行列の対称性という制限のあるクラスであることがわかる．この意味で，メッツラー関数の理論を優モジュラー関数の理論に還元することはできない．

---

[1] たとえば，細谷・虞 (2013) を参照せよ．

図 6.1 微積分での関係

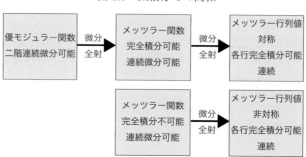

### 6.2.2 提携型ゲームの構成での関係

定義域が $\{0,1\}^N$ であるとき，優モジュラー関数は，第 5.1 節で議論した懲罰優位関係をもつ戦略型ゲームの提携型ゲームとして構成できる．

与えられた戦略型ゲーム $u: X^N \to \Re^N$ に対して，各提携 $S \subset N$ が独力で獲得できる利得を定義することによって提携型ゲームは構成される．提携型ゲームの構成の仕方は，さまざまなものがあるが，ここでは $\alpha$-TU 提携型ゲームを問題とする．その考え方は，以下のとおりである．

利得 $u^i(x^N)$ を金銭と解釈すれば，提携 $S \subset N$ は，各人の得た利得の和 $\sum_{i \in S} u^i(x^N)$ を再配分することができる．再配分について生じる問題を無視すれば，$\sum_{i \in S} u^i(x^N)$ をできるだけ大きくすることが焦点となる．自分たちが戦略 $x^S$ を選択したとき，最悪の場合でも

$$\min_{x^{N \setminus S}} \sum_{i \in S} u^i(x^S, x^{N \setminus S}) := \min\{\sum_{i \in S} u^i(x^S, x^{N \setminus S}) : x^{N \setminus S} \in X^{N \setminus S}\}$$

を獲得することができる．値 $\min_{x^{N \setminus S}} \sum_{i \in S} u^i(x^S, x^{N \setminus S})$ は，$x^S$ に応じて，$N \setminus S$ が $\sum_{i \in S} u^i(x^S, x^{N \setminus S})$ を小さくするように $x^{N \setminus S}$ を変化させたあとに決まる値であって，戦略 $x^S$ の選び方にのみ依存して，戦略 $x^{N \setminus S}$ には依存していないことに注意しよう．$x^S$ を変化させて，最悪

の際の利得を最大にする値は,

$$\max_{x^S} \min_{x^{N\setminus S}} \sum_{i\in S} u^i(x^S, x^{N\setminus S}) := \max\{\min_{x^{N\setminus S}} \sum_{i\in S} u^i(x^S, x^{N\setminus S}) : x^S \in X^S\}$$

となる. $\max_{x^S} \min_{x^{N\setminus S}} \sum_{i\in S} u^i(x^S, x^{N\setminus S})$ は,オペレーター max と min のならびかたから maxmini 値と呼ばれている.また,

$$v_\alpha : 2^N \to \Re, \ S \mapsto \max_{x^S} \min_{x^{N\setminus S}} \sum_{i\in S} u^i(x^S, x^{N\setminus S})$$

を $\alpha$-**TU** 提携型ゲーム($\alpha$-TU ゲーム)と呼ぶ.

次の結果は,単純な結果であるが,管見のかぎり文献上には (Masuzawa 2013) にはじめてあらわれた.

## 命題 54

どのような優モジュラー関数 $v : 2^N \to \Re$ に対しても,すべての $S \subset N$ に対して

$$v(S) - v(\emptyset) = \max_{x^S} \min_{x^{N\setminus S}} \sum_{i\in S} u^i(x^S, x^{N\setminus S})$$

となる非対角単調関数 $u : \{0,1\}^N \to \Re^N$ が存在する.

## 証明

$\sigma : N \to \{1, 2, \ldots, |N|\}$ を全単射とする.任意の $i \in N$ と,任意の $S \subset N$ に対し,

$$u^i(\chi_S) := v\Big(\{j \in S : \sigma(j) < \sigma(i)\} \cup \{i\}\Big) - v\Big(\{j \in S : \sigma(j) < \sigma(i)\}\Big)$$

と定義する.限界貢献度の逓増性より,$u : \{0,1\}^N \to \Re^N$ はメッツラー関数である.いま,$S = \{i_1, i_2, \ldots, i_{|S|}\}$,$\sigma(i_1) < \sigma(i_2) < \cdots < \sigma(i_{|S|})$ とする.

$$\min_{x^{N\setminus S}} \sum_{i\in S} u^i(x^S, x^{N\setminus S}) = \sum_{i\in S} u^i(x^S, 0^{N\setminus S})$$

であることに注意すると，

$$v_\alpha(S) = \max_{x^S} \min_{x^{N\setminus S}} \sum_{i \in S} u^i(x^S, x^{N\setminus S})$$

$$= \sum_{i \in S} u^i(1^S, 0^{N\setminus S})$$

$$= \sum_{i \in S} v\Big(\{j \in S : \sigma(j) < \sigma(i)\} \cup \{i\}\Big) - v\Big(\{j \in S : \sigma(j) < \sigma(i)\}\Big)$$

$$= \sum_{k=1}^{|S|} v\big(\{i_1, i_2, \ldots, i_k\}\big) - v\big(\{i_1, i_2, \ldots, i_{k-1}\}\big)$$

$$= v(S) - v(\emptyset). \qquad \square$$

提携型ゲームは，$v(\emptyset) = 0$ と約束するので，任意の優モジュラーな提携型ゲームは，懲罰優位条件をもつ戦略型ゲームから構成できることがわかる．

ただし，懲罰優位条件をもつ戦略型ゲームは，つねに優モジュラーな提携型ゲームを導きだすわけではないことが知られている．

### 例 55 (**Masuzawa, 2004**)

$N = \{1,2,3\}$, $X^i = \{0,1\}$ とし，$(i,j,k) = (1,2,3), (2,3,1), (3,1,2)$ に対して $u^i(x^N) := \max\{9x^j(1-x^j), 4x^i x^j x^k\}$ と定義する．$u : X^N \to \Re^N$ はメッツラー関数である．しかし，

$$v(S) := \max_{x^S} \min_{x^{N\setminus S}} \sum_{i \in S} u^i(x^S, x^{N\setminus S})$$

と定義すると，$v(N) = 12$, $v(\{1,2\}) = v(\{2,3\}) = v(\{3,1\}) = 9$, $v(\{1\}) = v(\{2\}) = v(\{3\}) = 0$ となる．したがって，

$$v(\{1,2\}) + v(\{3,1\}) > v(N) + v(\{1\})$$

となって，優モジュラーでないことがわかる．

第 6 章 優モジュラー関数

図 6.2 α-TU ゲーム と非対角単調関数

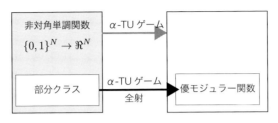

図 6.2 は，非対角単調な関数から，α-TU 提携型ゲームを生成する操作についてまとめている．すなわち，(i) どのような優モジュラーな α-TU 提携型ゲーム $v: 2^N \to \Re$ も，$\{0,1\}^N$ を定義域にする非対角単調関数から生成することができること，および (ii) $\{0,1\}^N$ を定義域にする非対角関数であっても，優モジュラーでない α-TU 提携型ゲームを生成するものがあることをあらわしている．

## 6.3 NTU 提携型ゲーム

### 6.3.1 基礎事項

戦略型ゲーム $u: X^N \to \Re^N$ において，各人が金銭によって利得を再配分する手段を持たない状況を考えよう．このとき，利得の和 $\sum_{i \in S} u^i(x^N)$ を考える意義は薄れ，利得ベクトル $(u^i(x^N))_{i \in N}$ を直接問題にする必要が生じる．このとき，各提携 $S$ が独力で獲得できる利得の集合を

$$V(S) \subset \Re^S$$

であらわし，関数 $V: S \mapsto V(S) \subset \Re^S$ を NTU 提携型ゲームと呼ぶ．NTU 提携型ゲームは，任意の $S \subset N$ について，値 $V(S)$ が次の条件をみたすことを約束している．

1. 下への広範性　　$x^S \in V(S)$ かつ $y^S \leq x^S$ ならば，$y^S \in V(S)$.
2. 上への相対的有界性　　任意の $x^S \in \Re^S$ に対して，ある $y^S \in \Re^S$

が存在して

$$z^S \geq x^S \text{ かつ } z^S \in V(S) \text{ ならば}, z^S \leq y^S.$$

3. 非空性　$S \neq \emptyset$ ならば，かつそのときにかぎり，$V(S) \neq \emptyset$.
4. 閉集合性　$V(S) \subset \Re^S$ は閉集合.

戦略型ゲーム $u: X^N \to \Re^N$ から NTU 提携型ゲームの構成方法として基本的なものは，次のように定義される $\alpha$–NTU 提携型ゲームである.

### 定義 56 ($\alpha$–NTU 提携型ゲーム)

戦略型ゲーム $u: X^N \to \Re^N$ に対する $\alpha$–NTU 提携型ゲームとは，次のように定義される NTU 提携型ゲーム $V_\alpha$ である.

$$V_\alpha(S) := \bigcup_{x^S \in X^S} \left( \bigcap_{x^{N \setminus S} \in X^{N \setminus S}} \left\{ a^S \in \Re^S : a^S \leq u^S(x^S, x^{N \setminus S}) \right\} \right)$$

### 定理 57 ($\alpha$-NTU 提携型ゲームの性質)

戦略型ゲーム $u: X^N \to \Re^N$ が上半連続，$X^N$ が $\Re^N$ の有界な閉集合で，任意の $i \in N$ と任意の $x^i \in X^i$ に対し，$\inf\{u^i(x^i, y^{N \setminus \{i\}}) : y^{N \setminus \{i\}} \in X^{N \setminus \{i\}}\} > -\infty$ であるとしよう. このとき，$\alpha$-NTU 提携型ゲームの値 $V_\alpha(S)$ は下への広範性，上への相対的有界性，非空性，閉集合性をみたす. さらに，$V_\alpha(S)$ は上に有界である.

### 証明

下への広範性は $\alpha$-NTU 提携型ゲームの定義よりあきらかである. 非空性も，$\inf\{u^i(x^i, y^{N \setminus \{i\}}) : y^{N \setminus \{i\}} \in X^{N \setminus \{i\}}\} > -\infty$ よりあきらかである. $V_\alpha(S)$ に上界があることは，上半連続性より各 $i \in N$ に対して $u^i(X^N)$ に上界があることから導くことができる. $V_\alpha(S)$ が閉集合になることを示そう. 点列 $(a_k^S)_{k \in \mathbb{N}}$ が，$a_*$ に収束し，$a_k^S \in V_\alpha(S)$ となるとしよう. こ

のとき，定義より $x_k^S \in X^S$ が存在して，任意の $y^{N \setminus S} \in X^{N \setminus S}$ に対して，

$$a_k^S \leq u^S(x_k^S, y^{N \setminus S})$$

である．$X^S$ が有界な閉集合なので，ある部分列 $(x_k^S)_{k \in \mathbb{T}}$ は，$x_*^S \in X^S$ へ収束する．上半連続性より，任意の $\epsilon > 0$ に対して，$k \in \mathbb{T}$ が十分に大きいときは，

$$a_k^S \leq u^S(x_k^S, y^{N \setminus S}) \leq u^S(x_*^S, y^{N \setminus S}) + \epsilon.$$

したがって，$a_*^S \leq u^S(x_*^S, y^{N \setminus S}) + \epsilon$ であるが $\epsilon > 0$ は任意であったから，$a_*^S \leq u^S(x_*^S, y^{N \setminus S})$. □

戦略型ゲーム $u : X^N \to \mathfrak{R}^N$ が上半連続で，$X^N$ が $\mathfrak{R}^N$ の有界な閉集合であるとき，$V_\alpha(S)$ の値は端的に上界をもつ．それにもかかわらず，上への相対的な有界性という弱い条件が提案されてきたのは，NTU ゲームは，TU ゲームで記述された状況を含む一般論として展開されてきたからである．実際，TU 提携型ゲームに対して，$V_v(S) := \left\{x^S : \sum_{i \in S} x^i \leq v(S)\right\}$ と定義すると，$V_v$ と $v$ は，同じ状況をあらわす．しかし，このように定義された $V_v(S)$ は上界をもたない．

### 6.3.2 全統合性と懲罰優位関係

**定義 58（全統合性）**

任意の $S, T \subset N$ と $a^{S \cup T} \in \mathfrak{R}^{S \cup T}$ に対して，

$$a^S \in V(S) \text{ かつ } a^T \in V(T) \text{ ならば}, a^{S \cup T} \in V(S \cup T)$$

であるとき，$V : S \mapsto V(S) \subset \mathfrak{R}^S$ は，全統合 (totally inclusive) であるという．

任意の $i \in S$ に対し，$i \in T_i, a^{T_i} \in V(T_i)$ となる $T_i \subset S$ が存在するとしよう．全統合性は，このとき，$a^S \in V(S)$ となることを意味してい

る．つまり，各人 $i \in S$ が何らかの部分提携 $T_i \subset S$ の力によって $a^i$ が獲得可能であるとき，全体集合 $S$ の力で同時に各人が $a^i$ を獲得可能であることを意味する．

以下では，懲罰優位関係をもつゲームの $\alpha$-NTU 提携型ゲームが，全統合性という概念によって特徴づけることができることを示す．すなわち，第一に，任意の懲罰優位関係をもつゲームの $\alpha$-NTU 提携型ゲームは全統合性をみたし，第二に，任意の全統合性をもつ NTU 提携型ゲームは何らかの懲罰優位関係をもつゲームの $\alpha$-NTU 提携型であることを示す．

### 定理 59（Masuzawa, 2004）

戦略型ゲーム $u : X^N \to \Re^N$ が非対角単調関数であるとき，その $\alpha$-NTU 提携型ゲームは，全統合性をみたす．

### 証明 (Masuzawa, 2004)

$u : X^N \to \Re^N$ をメッツラー関数とする．$a^{S \cup T}$ が，$a^S \in V_\alpha(S)$ かつ $a^T \in V_\alpha(T)$ をみたしているとしよう．このとき，戦略 $x^S \in X^S$ と戦略 $y^T \in X^T$ が存在して，任意の $z^{N \setminus (S \cup T)} \in X^{N \setminus (S \cup T)}$ に対して，

$$a^S \leq u^S(x^S, y^{T \setminus S}, z^{N \setminus (S \cup T)})$$

$$a^T \leq u^T(x^{S \setminus T}, y^T, z^{N \setminus (S \cup T)})$$

が成立する．$w^{S \setminus T} := x^{S \setminus T}$, $w^{T \setminus S} := y^{T \setminus S}$, かつ任意の $i \in S \cap T$ について，$w^i := \max\{x^i, y^i\}$，と定義しよう．このとき

$$a^{S \cup T} \leq u^{S \cup T}(w^{S \cup T}, z^{N \setminus (S \cup T)})$$

が成立する．実際，$x^i = w^i$ となる $i \in S$ に対して，

$$a^i \leq u^i(x^S, y^{T \setminus S}, z^{N \setminus (S \cup T)})$$
$$\leq u^i(x^{S \setminus T}, w^{S \cap T}, y^{T \setminus S}, z^{N \setminus (S \cup T)}).$$

同様に, $x^i = y^i$ となる $i \in T$ に対しては,
$$a^i \leq u^i(x^{S \setminus T}, y^T, z^{N \setminus (S \cup T)})$$
$$\leq u^i(x^{S \setminus T}, w^{S \cap T}, y^{T \setminus S}, z^{N \setminus (S \cup T)}).$$

$u : X^N \to \Re^N$ が $Z$ 関数の場合の証明も同様である. □

## 定理 60

戦略型ゲーム $u : X^N \to \Re^N$ が上半連続なメッツラー関数であり, 任意の $i \in N$ に対し, $y^i := \min X^i$, $z^i := \max X^i$ が存在するとき, その $\alpha$-NTU 提携型の各値 $V(S)$ の極大元の集合は下界をもつ.

## 証明

$u : X^N \to \Re^N$ をメッツラー関数とする. $c^i := u^i(z^i, y^{N \setminus \{i\}})$ とおくと, $c^S$ は $V(S)$ の極大元集合の下界となる. かりに, $a^S \in V_\alpha(S)$ かつ, ある $i \in S$ に対して, $a^i < c^i$ であるとしよう. このとき, ある戦略 $x^S \in X^S$ が存在して, $a^S \leq u^S(x^S, y^{N \setminus S})$ である.
$$c^i = u^i(z^i, y^{S \setminus \{i\}}, y^{N \setminus S}) \leq u^i(z^i, x^{S \setminus \{i\}}, y^{N \setminus S})$$
であり, $j \in S \setminus \{i\}$ に対しては
$$a^j \leq u^j(x^i, x^{S \setminus \{i\}}, y^{N \setminus S}) \leq u^j(z^i, x^{S \setminus \{i\}}, y^{N \setminus S})$$
である. したがって, $(a^{S \setminus \{i\}}, c^i) \in V_\alpha(S)$ となって, $(a^{S \setminus \{i\}}, a^i)$ は極大元ではない. $u : X^N \to \Re^N$ が $Z$ 関数の場合, $c^i := u^i(y^i, z^{N \setminus \{i\}})$ とおき, 同様に証明すればよい. □

## 定理 61

NTU 提携型ゲーム $V$ が全統合性をみたすとき, それは上半連続な非対角単調関数となる戦略型ゲーム $u : X^N \to \Re^N$ の $\alpha$-NTU 提携型ゲームになる. さらに, 各 $V(S)$ の極大元の集合が下に有界であるならば,

この $X^N$ を有界閉集合にすることができる.

**証明**

条件をみたす Z 関数 $u$ の存在を示す. 任意の $i \in N$ に対して, $X^i = \Re$ とし, $u^i$ を次のように定める.

$$u^i(x^N) := \max \bigcup_{S \subset N} \left\{ a^i : x^i \geq a^i \text{ かつ } (a^i, x^{S \setminus \{i\}}) \in V(S \cup \{i\}) \right\}.$$

2 つのことを確認しておこう. 第一に, $u^i(x^N)$ の値は正当に定義されている. 実際, $V(\{i\}) \neq \emptyset$ より max の範囲は非空で上界 $x^i$ をもつ.

第二に, $V(S)$ の下への広範性より, $u$ が Z 関数であることがわかる. 実際に, $x^{N \setminus \{i\}} \geq y^{N \setminus \{i\}}$ であると想定すると,

$$(a^i, x^{S \setminus \{i\}}) \in V(S \cup \{i\}) \text{ となる } S \subset N$$

に対して, 下への広範性より,

$$(a^i, y^{S \setminus \{i\}}) \in V(S \cup \{i\})$$

であるから,

$$u^i(a^i, y^{N \setminus \{i\}}) \geq u^i(a^i, x^{N \setminus \{i\}}).$$

**$V(S) = V_\alpha(S)$ の証明**

さて, $a^S \in V(S)$ ならば, $a^S \in V_\alpha(S)$ であることはあきらかである. 実際, $a^S \in V(S)$ となるとき, 任意の $x^{N \setminus S} \in \Re^{N \setminus S}$ に対して, $a^S = u^S(a^S, x^{N \setminus S})$ である.

逆を示すために, $a^S \in V_\alpha(S)$ と仮定する.

$\alpha$-NTU 提携型の定義より, ある $x^S \in X^S$ が存在して, どのような $x^{N \setminus S} \in X^{N \setminus S}$ に対しても,

$$a^S \leq u^S(x^S, x^{N \setminus S}).$$

$u$ の定義より

$$a^S \le u^S(x^S, x^{N\setminus S}) \le x^S.$$

$u^i$ の定義と値 $V(S)$ の下への広範性より任意の $i \in S$ について,

集合 $S_i \subset N$ が存在して, $i \notin S_i$ かつ $(a^i, x^{S_i}) \in V(S_i \cup \{i\})$.

上への相対的有界性より, $x^{N\setminus S}$ が十分におおきければ,

$T\setminus S \ne \emptyset$ かつ $i \notin T$ となるどのような $T$ に対しても,

$$(a^i, x^{T\cap S}, x^{T\setminus S}) \notin V(T\cup\{i\}).$$

したがって, $x^{N\setminus S}$ が十分に大きいケースを考えて, $S^i \subset S$ としてよい. さらに, 値 $V(S)$ の下への広範性より

$$a^{S_i \cup \{i\}} = (a^i, a^{S_i}) \in V(S_i \cup \{i\}).$$

$\cup_{i\in S}(S_i \cup \{i\}) = S$ に注意すると, 全統合性より $a^S \in V(S)$ が成立する. □

### 上半連続性の証明

任意に $u^i(x^N) < c^i$ となる $c^i \in \mathfrak{R}^i$ を選ぶ. $a^N \ll x^N \ll b^N$ となる $a^N, b^N \in \mathfrak{R}^N$ をどのように定めても, それに応じて $a^N \ll y^N \ll b^N$ かつ $u^i(x^N) < c^i \le u^i(y^N)$ となる $y^N \in \mathfrak{R}^N$ が存在するとして矛盾を導く. 背理法の仮定より, $y_k^N \to x^N$ かつ $c^i \le u^i(y_k^N)$ となる点列 $(y_k^N)_{k\in\mathbb{T}}$ が存在する.

$u^i$ の定義と $V(S)$ の下への広範性より, 各 $k \in \mathbb{T}$ に応じて, 次をみたす $S_k \subset N$ が存在する.

$$(c^i, y_k^{S_k\setminus\{i\}}) \in V(S_k \cup \{i\}).$$

提携の数 $|2^N|$ は有限なので, 部分列を考えることにより $S_k$ は $k$ に依存せず $S = S_k$ としてよい. $V(S)$ は閉集合で, $(c^i, y_k^S)_{k\in\mathbb{T}}$ は $(c^i, x^{S\setminus\{i\}})$

に収束するから，

$$(c^i, x^{S\setminus\{i\}}) \in V(S).$$

一方 $c^i \leq u^i(y_k^N) \leq y_k^i$ であるから，$(y_k^i)_{k \in \mathbb{T}}$ 収束先を考えると，

$$c^i \leq x^i.$$

したがって $u^i(x^N) \geq c^i$ となるが，$c^i$ の定めかたに矛盾する． □

### $X^N$ を有界閉集合にできることの証明

$V(S)$ の極大元が下に有界であるならば，上への相対的有界性より上へも有界である．極大元の下界を $(a_S^i)_{i \in S}$ と，極大元の上界を $(b_S^i)$ とおく．$\epsilon > 0$, $a_*^i := \min\{a_S^i : i \in S\}$, $b_*^i := \max\{b_S^i : i \in S\}$ と定義して，$X^i = [a_*^i, b_*^i + \epsilon]$ とおいて，上記の証明を繰り返せばよい．ただし，$a^S \in V(S)$ ならば，$a^S \in V_\alpha(S)$ を示す段では，$a^S \leq x^S$ となる $V(S)$ の極大元をとれば，$x^S \in X^S$ となる． □

定理 61 で述べていることは，図 6.3 でまとめられている．図 6.3 の下側の矢印は，NTU 提携型ゲームが極大元の有界性と全統合性をもつことは，それが上半連続で定義域が有界閉集合である非対角単調関数の $\alpha$-NTU 提携型ゲームになることと同値であることを示している．また，同じく上側の矢印は，任意の全統合性をもつ NTU 提携型ゲームは，上半連続な非対角単調関数から生成することができることを示している．

## 6.4　文献ノート

優モジュラーないしは劣モジュラー関数の理論は，組み合わせ最適化やゲーム理論の分野で，Edmonds (1970) や Shapley (1971) などによっ

図 6.3  $\alpha$-NTU 提携型ゲームと非対角単調関数

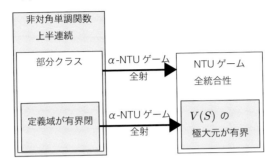

て集中的な研究が始められた．本書では取り上げなかったが，優モジュラー性を凹関数性とかかわりづけた Lovász (1983) が重要だと考えられている．Murota (1998) による離散凸解析の研究は，優モジュラー性を中心に組み合わせ最適化の包括的理論を構築するものである．Fujishige (2005) は組み合わせ最適化の観点からの詳しい展開がなされている．

NTU ゲームを含めた協力ゲームの理論については，Ichiichi (1993) および Peleg and Sudhölter (2010)，日本語の文献では中山・船木・武藤 (2008) が詳しい．本書では詳しくは扱わないが，利得関数が優モジュラー関数になるような戦略型ゲームは，優モジュラーゲームと呼ばれ，Nash 均衡に関する動学や比較静学が研究されている．Bulow, Geanakoplos, and Klemperer (1985), Mirglom and Roberts (1990), Topkis (1998) などの文献が知られている．

優モジュラー性を NTU 提携型に拡張するこころみは，Vilkov (1977), Sharkey (1981), Hendrickx, Timmer, and Borm (2000, 2002), Masuzawa (2012) などによって，なされている．全統合性は，NTU 提携型ゲームがメッツラー関数の $\alpha$-NTU 提携型ゲームとして構成されるための必要条件として Masuzawa (2003) にはじめてあらわれた．

# 引用文献

細矢祐誉,虞朝聞.(2012): 偏微分方程式と需要関数の積分可能性 : Nikliborc の定理とその応用,三田学会雑誌 105, 461–479.

伊藤博文.(1899): 選挙法改正期成同盟会に於て明治 32 年 2 月 20 日,(瀧井一博編.(2011)「伊藤博文演説集(講談社学術文庫)」,講談社,東京 所収.)

笠井琢美,戸田誠之助.(1993):「計算の理論」(情報数学講座 4),共立出版,東京.

川又邦雄.(2003): 解説,森嶋通夫「均衡・安定・成長―多部門分析―」(森嶋通夫著作集 2) 久我清 監訳,人谷純,永谷裕昭,浦井憲 訳,岩波書店,東京 273–289.

丸山徹.(2002)「経済数学」,知泉書館,東京.

中山幹夫,船木由喜彦,武藤滋夫 (2008)「協力ゲーム理論」,勁草書房,東京.

根本正.(1896)「公平選挙法」,東京.

二階堂副包.(1960):「現代経済学の数学的方法―位相数学による分析入門」,岩波書店,東京.

二階堂副包.(1961):「経済のための線型数学」,培風館,東京.

尾崎行雄,林田亀太郎.(1926):「普選読本」,模範図書刊行会,東京.

Arrow, K. J., Block, H. D., Hurwicz, L. (1959): On the Stability of Competitive Equilibrium. II, *Econometrica*, 27, 82–109.

Bapat, R. B., Raghavan,T. E. S. (1997): *Nonnegative Matrices and Applications*. 1st ed, Cambridge University Press, Cambridge.

Bulow, J. I., Geanakoplos, J. D., Klemperer, P. D. (1985): Multimarket Oligopoly: Strategic Substitutes and Complements, *Journal of Political Economy*, 93, 488–511.

Cottle, R. W., Veinott Jr, A. F. (1972): Polyhedral Sets Having a Least

Element, *Mathematical Programming*, 3, 238–249.

Edmonds, J. (1970): Submodular Functions, Matroids, and Certain Polyhedra, in: R. Guy, H. Hanam, N. Sauer, and J. Schonheim, eds.,*Combinatorial Structures and Their Applications* (Proc. 1969 Calgary Conference), Gordon and Breach, New York, 69–87.

Fujishige, S. (2005): *Submodular Functions and Optimization*, 2nd ed. (Annals of Discrete Mathematics 58), Elsevier.

Frayssé, J. (2009): A Simple Proof of the Existence of an Equilibrium when the Weak Axiom Holds, *Journal of Mathematical Economics*, 45, 767–769.

Greenberg, J. (1977): An Elementary Proof of the Existence of a Competitive Equilibrium with Weak Gross Substitutes, *The Quarterly Journal of Economics*, 91, 513–516.

Gale, D., Shapley, L. S. (1962): College Admissions and the Stability of Marriage, *The American Mathematical Monthly*, 69, 9–15.

Hatfield, J. W., Milgrom, P. (2005): Matching with Contracts, *American Economic Review*, 95, 913–935.

Hendrickx, R., Timmer, J., Borm, P. (2000): On Convexity for NTU-games. Tilburg University, CentER working paper no. 2000–108. http://ssrn.com/abstract=250792

Hendrickx, R., Timmer, J., Borm, P. (2002): A Note on NTU Convexity. *International Journal of Game Theory*, 31, 29–37.

Hicks, J. R. (1946). *Value and Capital: An Inquiry into Some Fundamental Principles of Economic Theory*, 2nd ed., Oxford University Press, USA.

Hill, I. D., Wichmann, B. A., Woodall, D. R. (1987): Single Transferable Vote by Meek's Method, *Computer Journal*, 30, 277–281.

Hill, I. D. (2006) Implementing STV by Meek's method, *Voting Matters*, 22, 7–10.

Ichiishi, T. (1981): Super-modularity: Applications to Convex Games and to The Greedy Algorithm for LP, *Journal of Economic Theory*, 25,

283–286.

Ichiishi, T. (1993): *The Cooperative Nature of the Firm*, Cambridge University Press, Cambridge.

Kuga, K. (1965): Weak Gross Substitutability and the Existence of Competitive Equilibrium, *Econometrica*, 33, 593–599.

Lovász, L. (1983): Submodular Functions and Convexity, in: A. Bachem, M. Grötschel and B. Korte, eds., *Mathematical Programming-The State of the Art*, 235–257, Springer-Verlag, Berlin.

Mas-Colell, A., Whinston, M., Green, J. (1995): *Microeconomic Theory*, Oxford University Press, USA.

Masuzawa, T. (2003): Punishment Strategies Make the $\alpha$-Coalitional Game Ordinally Convex and Balanced, *International Journal of Game Theory*, 32, 479–483.

Masuzawa, T. (2008): Computing the Cores of Strategic Games with Punishment-Dominance Relations, *International Journal of Game Theory*, 37, 185–201.

Masuzawa, T. (2012): Strong Convexity of NTU Games. *International Journal of Game Theory*, 41, 699–705.

Masuzawa, T. (2006): Strategic Analyses of Games with Coalitions, Doctoral Dissertation, Keio University.

Masuzawa, T. (2012a): STV Elections by Feedback Counting: An Approach from Cooperative Game Theory, Keio/Kyoto Global-COE Discussion Paper Series, No.2012–015.

Masuzawa, T. (2012b): Punishment-Dominance Condition on Stable Two-Sided Matching Algorithms, Keio/Kyoto Global-COE Discussion Paper Series, No.2012–018.

Masuzawa, T. (2012c): A Simple and Constructive Proof of the Existence of a Competitive Price under the Gross Substitute Property, Keio/Kyoto Global-COE Discussion Paper Series, No.2012–22.

Masuzawa, T. (2013): Metzler Functions and the Shortest-Path Problem, Keio/Kyoto Global-COE Discussion Paper Series, No.2012–30.

Meek, B. L. (1994): A New Approach to the Single Transferable Vote. I, *Voting Matters*, 1, 1–6. (First published in French, Une nouvelle approche du scrutin transférable, *Mathématics et Sciences Humaines*, 25, 13–23, 1969)

Meek, B. L. (1994): A New Approach to the Single Transferable Vote. II, *Voting Matters*, 1, 6–11. (First published in French, Une nouvelle approche du scrutin transférable (fin), *Mathématics et Sciences Humaines*, 29, 33–39, 1970.)

Metzler, L. (1945): Stability of Multiple Markets: the Hicks Conditions, *Econometrica*, 13, 277–292.

Metzler, L. (1973): *Collected Papers*, Harvard Economic Studies 140, Harvard University Press, Cambridge, MA.

Milgrom, P., Roberts, J. (1990): Rationalizability, Learning, and Equilibrium in Games with Strategic Complementarities, *Econometrica*, 58, 1255–1277.

Morishima, M. (1952): On the Laws of Change of the Price System in an Economy which Contains Complementary Commodities, *Osaka Economic Papers*, 1 (1952), 101–113.

Morishima, M. (1964): *Equilibrium, Stability and Growth: A Multisectoral Analysis*, Oxford University Press, USA.

Morishima, M. (1970): A Generalization of the Gross Substitute System, *The Review of Economic Studies*, 37, 177–186.

Mosak, J. L. (1944): *General-Equilibrium Theory in International Trade*, The Principia Press, USA.

Murota, K. (1998):Discrete Convex Analysis, *Mathematical Programming*, 83, 313–371.

Negishi, T. (1962): The Stability of a Competitive Economy: A Survey Article, *Econometrica*, 30, 635–669.

New Zealand Government. (2013): Local Electoral Regulations 2001, Schedule 1A, http://www.legislation.govt.nz/

Nikaido, H. (1968): *Convex Structures and Economic Theory*, Academic